常楽我浄への指針

悟りの杖

山本玄幸

目次

はじめに

この書は常楽我浄への指針、つまり悟りへの道案内として、それも可能な限りやさしく説き明かせればという願望をもって作成されたものです。言うまでもなく経典というもの自体が、悟りへの道を説いてはいます。しかし経典を読み解くのは簡単ではなく、従ってそれを自分の悟りに結び付けることも難しいというのが、一般的な悩みではないでしょうか。そこで、そのような場合はもとより、人生についての様々な疑問や難問を抱えて、仏教が説く悟りの世界に答えを見出そうとしている場合などの、悟りへの道を歩くときに役立つささやかな杖にでもなれるならと考え、経文の解説を、読み手がそのまま実践して悟りの道に入れるような視点に絞ったこの書が計画されたのです。

本論の第一部は、阿弥陀経や無量寿経に説かれている極楽浄土について語ったものです。極楽浄土というのは、阿弥陀仏が悟りを開いた縁によって開かれた浄土のことです。なので、この書では、阿弥陀仏の悟りの境地を訪ねることになりますが、悟りの境地というものは心の中に開かれるものだし、その心は人間誰にでも平等に具わっているのですから、阿弥陀仏の悟りもまた、わたしたち一人ひとりの心の中にも現れて、悟られるはずのものなのです。

なお、この第一部を書くにあたって参照や引用に用いた阿弥陀経は、世界大思想全集(春秋社)から友松圓締編のもの。無量寿経は世界古典文学全集(筑摩書房)から早島鏡正訳のものです。

また第二部では、仏法の基本的な様式を学習するのに最適なものをと考え、初期仏典の中から、『真理のことば』(中村元訳・岩波文庫)の法句を幾つか選んで引用しました。これも漢訳の『法句経』などと比べると、はるかに読みやすく、仏法初心者にも馴染みやすい言葉遣いになっているからです。

この書が、こういう目的をもって書き上げられた以上、やはり、原典から常楽我浄の仏覚地に至る道を読み解くときの、ささやかな一助にでもなれば幸いです。

第一部　極楽浄土をめざして

第一章　極楽浄土がある場所

阿弥陀経には、『ここから西方に十万億の仏土を越えたところに、極楽と名づけられた仏の国土があり、その極楽国土には阿弥陀という名の仏がいて、いま現在でも説法をしておられる。またその国土が極楽と名づけられた所以《ゆえん》は、そこに住む人々が楽のみを受けて苦しみを受けないからである』と、説かれています。

まず最初は、経典に説かれている情報から、極楽浄土や阿弥陀仏のイメージをつかみ取ってみます。それが、いま現在の自分の心の姿を浮かび上がらせることに繋がるからです。

「極楽浄土は西方にある」と示されると、わたしたち地球上に住む人間は何を想像するでしょうか。一日の始まりには東から太陽が昇りますが、一日の終わりに太陽が沈むのは西の方角ですね。そして太陽が沈んだ夜中には、わたしたち人間も目を閉じて眠ります。目を閉じて眠れば外界の事物も見えなくなるので、それと同時に、外界のことをあれこれと考える心の活動も休まります。

いろいろと、こんなことを考えていると、何となく極楽浄土を想像する方向性が分かってくるようにも思われませんか。たとえば、「眠り」という状態と関連して、「あれこれと考える活動が静まり、心の中が掃き清められて空っぽになったような状態」などが連想されたとすれば、これから求めようとしている西方の極楽浄土のみならず、東方の仏の浄土や、北方や南方の仏の浄土にも共通した心象風景を、無意識のうちに半ば言い当てたようなものだからです。

極楽浄土という名の由来は、「楽のみあって苦のないところだから」と説かれています。でも此の世は違いますね。仏教では、「此の世は無常、無常なら苦、苦なら無我」と説いています。そうすると仏教は苦を滅して楽を得る教えですから、「悟りの世界は常、常なら楽、楽なら我」ということも、すぐ分かります。また、この我は既に常と楽を得ているものなので、煩悩の汚れとか迷いが一掃された清浄な我でなくてはなりません。なので極楽浄土は「常と楽と我と浄」を満たした仏の国土だということも分かりますが、それと同時に、極楽浄土は悟りを開いた人の心の中に開かれる浄土だということも納得できるでしょう。

また阿弥陀経には、『阿弥陀経を読んで極楽浄土に入りたいと願い、阿弥陀仏の名を一心に念じる日が続けば、命が尽きようとする時に臨んで阿弥陀仏が迎えに来て、極楽浄土へ連れて行ってくれる』とも説かれています。

先ほど連想した、「一日の活動を終えて眠りに就く」状況と、「一生を終えて死出の眠りに就く」状況には、共に「何かが終わる」という意味での共通点もありますから、阿弥陀経のこのような言葉を見ると、「やはり、生きて極楽浄土へ入ることはできないのか」と、悲観的になる場合も考えられます。

或いは、ここで一つの疑問が生じる場合もあるでしょう。つまり「本当に人生が終わってしまったら、いったい誰が極楽浄土へ入れるのだろうか」という疑問です。

此の世で「死ぬ」と人間はどうなるのか。これは誰もが見たり聞いたりして知っているように、五感も心も頭脳も肉体も活動を停止して、当然「わたし」という自意識も消滅しているはずなので、「極楽浄土へ往く者」つまり「悟りの境地を開く」という状態を「成就すべき何者が死者の身中に残っているだろうか」という疑問だって生じるかもしれません。

しかし、そのような心配には及ばないのです。経典の作者だって、勿論そういうことも充分にわきまえたうえで、悟りへの道を説いているのですから、疑いの心をおこさず、経典が説く真理の道をしっかりと読み取りながら、極楽浄土へと続く道でもある経文の示唆を、過たないよう気をつけて読み進めてまいりましょう。そこにはまた、わたしたち死すべき人間としては、願ってもない幸《さち》でもあるところの不死の命が、「阿弥陀仏の寿命と極楽浄土に往生した者たちの寿命は、限りなく、量り知れない」と予告されてもいるのです。

第二章　問題はすべて心の中に現れる

それでは、もう一度前章で提出された経文の、『阿弥陀経を読んで極楽浄土に入りたいと願い、阿弥陀仏の名を一心に念じる日が続けば、命が尽きようとする時に臨んで阿弥陀仏が迎えに来て、極楽浄土へ連れて行ってくれる』という説法が意味する実態の説明から始めます。

この経説は、前半の「阿弥陀経を読んで極楽浄土に入りたいと願い、阿弥陀仏の名を一心に念じる日が続けば」という部分が、後半の「命が尽きようとする時に臨んで阿弥陀仏が迎えに来て、極楽浄土へ連れて行ってくれる」という部分を生じさせる前提になっているということです。

それでは、説かれている阿弥陀仏の来迎と極楽往生はどのように生じるかということを、簡単に、そして分かり易くを心掛けつつ解説してみます。

まず最初の「阿弥陀経を読んで極楽浄土に入りたいと願い」という個所ですが、ここでは経典を読んで極楽浄土のイメージを膨らませたら、次に往生へと導いてくれる阿弥陀仏をイメージします。そして阿弥陀仏が現れて極楽浄土へと導いてくれる状況なども、様々に想像するような一時を、謎解きに夢中になっているような気分で楽しんでみるとよいでしょう。勿論こういうことをやったからといって、誰もが阿弥陀仏の来迎に恵まれるということではありません。これを実践する者の精神的成熟度との兼ね合いが、絶妙に一致したときにのみ、この僥倖が生じると云ったほうがよいかも知れません。

しかし、この方法によって弥陀の来迎を得る人がいることも確かなのです。なのでこの方法によってか、或いは別の方法によって、実際に弥陀の来迎を体験できた場合、極楽浄土への道中はどのようになるかということを、続いて少しばかり解説してみましょう。

経文では「阿弥陀仏の名を一心に念じる日が続けば、命が尽きようとする時に臨んで阿弥陀仏が」というように説いていますが、実体験では、別に命が尽きようともしていない平常時なのに、弥陀の来迎が生じます。そして現れた阿弥陀仏の霊体らしきものは、数日掛かりで極楽浄土の入り口まで案内してくれます。ここで「阿弥陀仏の霊体らしきもの」と言ったのは、阿弥陀仏のことを念じていた縁で現れた霊体らしきものだから、そのように思えたのであって、もし絶対神などのことを念じていた縁で現れた場合は、「神の霊体らしきもの」と思えたに違いないということです。なのでこのような体験は、一種の霊感体験だと言ってよいでしょう。しかも体験者のすべてが、みんな同じような内容の体験をするのです。

では経文にある「命が尽きようとする時に臨んで」という言葉に含まれた意味はどんなものかということですが、それは阿弥陀仏の先導に応じて極楽浄土の入り口に達した体験者に与えられる一つの問題のことです。つまり体験者がこれまで生きてきた無常で苦で無我でもある生死の此の世から、常や楽や我が約束された不死の極楽浄土へと渡る時に生じるところの、緊迫した精神状況を、宗教的言い回しによって指し示した言葉だということです。

以上が、極めて簡単ながら、経典で「弥陀の名を一心に念じる日が続けば、命が尽きようとする時に臨んで阿弥陀仏が迎えに来て、極楽浄土へ連れて行ってくれる」と説かれていることが意味するところの、現実に体験することになる内容の一部分を明かしたものです。

このことから分かるのは、「臨終の時」が先に現れて、それに因して「阿弥陀仏が来迎する」のではなく、「阿弥陀仏の来迎」が先立つものであり、弥陀の誘導によって到達した極楽浄土との関係に於いて現れるのが、「臨終」を示唆するように生じる、緊迫した精神状況だったということになります。したがって「臨終の時」と「弥陀の来迎」との因果関係に於ける後先は、経文と現実体験では逆になっているということです。

尤も、経文通りに取った解釈もできますが、その場合、大病や不慮の事故などによる臨終とか、老衰による臨終ということになると、極楽浄土への往生という縁は断たれるのではないかという不安も生じるかと思われます。それは経典に『極楽往生した人々は、みんな仏に成ることが決まった菩薩たちで、その中には、一生を終われば来世には仏になる位の菩薩も多い』と説かれているからです。したがって、もしも極楽往生の前と後が一つの生命による繋がりを失うのであれば、誰も極楽往生できないに等しいと思われるからですね。勿論心の問題は抜きにして、身体だけの死後を取り上げるのであれば、生まれる前と死後は異なった世界とも考え難いので、「そこは苦の無い極楽浄土に等しいのではないか」などという空想もまかり通るようになるかも知れません。しかしそれだと、弥陀の来迎は不要になるという点で、やはり経文との関係は保てそうにもないのです。

また阿弥陀経や無量寿経を読んで、「一心に阿弥陀仏の名号を称えていれば、阿弥陀仏が来迎して、極楽浄土へ迎え入れてくれる」と文字通りに信受し、「南無阿弥陀仏」と称える行に専念することによって、そこに自らの安心を見出している場合もあるでしょう。勿論それはそれで意義あることだし、極楽往生の縁も繋がっているのだから結構なことではありますね。このように、弥陀の来迎による極楽往生は実現されていなくても、信仰を保ち続けていれば、いつの日にかその実現が果たされるという信仰心に基づいて、未来への希望や安心が保てる場合だってあるでしょう。

こうして幾つかの場合も見てきたように、弥陀の来迎と極楽往生に関する心の問題点は、人それぞれに幾つ生じるものかも分かりませんが、一つだけ言えることは、運良く弥陀の来迎に与《あずか》ることができたなら、その好機を逃すことなく、霊体の導きにも全力で応じなくては、後々後悔することになるだろうということです。それは経典の言葉、「極楽往生した人々は、みんな仏に成ることが決まった菩薩たちで、その中には、一生を終われば来世には仏になる位の菩薩も多い」からも分かるように、極楽往生は常楽我浄の仏界入りの初門に属するような体験であり、将来悟りが開けて仏に成れる世界に生まれ変わったことを意味しているのだということも明らかだからです。

第三章　極楽浄土ってどんな所か

極楽の様了は、『阿弥陀経』にも『無量寿経』にも、いろいろと説かれていますが、ここではその一部分を無量寿経から読み取ってみましょう。なお阿弥陀経の阿弥陀仏と、無量寿経の無量寿仏とは同じ仏の別名です。

無量寿経にいわく、『そのほとけの国土の大地は、金や銀や瑠璃や珊瑚などの七宝からできていて、実に果てしなく広大で際限がない。また、それらの七宝は、たがいに入り交じって、光り輝き、見事で素晴らしい』

最初に「ほとけの国土の大地」という言葉があります。これは「ほとけには見える国土の大地」のことで、此の世に住む私たち人間の目では見えない国土の大地ということです。しかし「無い世界」というものでもなく、「本より在るもの」としての不滅の世界を意味しているのです。なのでその大地は「金や銀や瑠璃や珊瑚などの七宝からできている」というとき、その金銀等もまた見ることのできない、不滅で浄らかな元素様のものをイメージさせる名称なのです。なのでここでは、極楽という目に見えない国土は、やはり目には見えない無限数の七宝が入り交じってできていることを伝えているのです。

無量寿経にいわく、『また、その国土には、一切の山々がなく、大海や小海、渓谷や溝とか塀もない。しかしながら、それらを見たいと思えば、ほとけの超人的な力によって、直ちに現れるから、見ることができる』

この経文では、「一切の山々がなく、大海や小海、渓谷や溝とか塀もない」等の否定文を通して、永在性の無い物象を視界から取り除き、壊れることのない国土であることを伝えようとしているのです。「しかしながら、それらを見たいと思えば、ほとけの超人的な力によって、直ちに現れるから、見ることができる」というのは、それらの物象が無ければ、国土は殺風景であり、心が楽しまない時には、それらの物象を自由に仮現させて楽しむこともできることを伝えるものです。勿論そうした超能力によって仮現された物象は、此の世の諸物のように縁起したものではないので、迷いのもとになる執着を誘うこともなく、消えたからといって、此の世の森羅万象がそうであるような、壊滅することに伴う苦の発生を心配することもないということです。

無量寿経にいわく、『また、無量寿如来がおられる国土の道場樹は、高さ四百万里、根本の周囲五十ヨージャナあり、枝葉は四方に二十万里にわたって広がっている。これらは、あらゆる宝石からできていて、宝石の王とされる月光摩尼や持海輪宝で飾られている。微風が静かに吹いて、これらの枝葉にふれると、無量の音声を出して、すぐれた真理の教えを説き、その声が流れでて、あまねくほとけたちの国々にひろがる。

その声を聞く者は、不生不滅の道理を把握して、さとりの位につくことが決定して退転しないという位に達し、ほとけの身となるまで、耳はよく澄んで音を聞きわけ、いかなる苦しみや煩いも受けない。耳を含めて、眼・鼻・舌・身・意の六つの感官は、よく澄んで、いかなる苦しみや煩いをも受けることがないのである』

この経文は、巨大な道場樹の話から始まっています。仏教で道といえば悟りの道なので、道場樹という名称には仏法が実る樹というような意味が含まれているのでしょうか。そうだとすると、この道場樹には、極楽浄土にいる修行者を悟りに導く因縁物が収まっているということになります。

そんな思いを持ちつつ読み進めていると、さっそく月光摩尼や持海輪宝の名が出てきました。これらを共に、心を曇らせている汚れを除いて、迷いのない清浄な心境を取り戻させる宝珠というような意味に取りながら、読み進めます。すると、それらの宝珠が微風に触れて、すぐれた仏法を鳴り響かせている光景が目に浮かぶようになります。

その仏法がどのようなものかということも、続く「その声を聞く者は、不生不滅の道理を把握して、さとりの位につくことが決定し」という言葉によって伝えられます。「不生不滅の道理」というのは、悟りを求める菩薩を仏の位へと導くことができるような、あるがままの真実に目覚めさせる理法のことです。「耳はよく澄んで音を聞きわけ、いかなる苦しみや煩いも受けない」とは、「聞き取った音声に愛着などの煩悩諸欲につながる意味を絡ませなければ、そこから苦しみや煩いが生じることもない」というような意味です。

なので続く説法の意味も、「耳について学んだように、眼に見た対象、鼻に嗅いだ対象、舌に味わった対象、身に触感された対象、意に生じた対象についても同様に、各感官の清浄を保って、そこから苦しみや煩いが生じることのないように気をつけていなさい」というように読み取ります。

無量寿経にいわく、『もしも、かのほとけの国土の神々や人間が、この宝石の樹を見るならば、三種の真理の把握が得られる。すなわち、一つには、声を聞いてさとる把握、二つには、すなおに真理に従ってみずから思惟してさとる把握、三つには、真理は不生不滅であるとさとる把握である。このような利益が得られるのは、すべて、無量寿如来の偉大な力、本願の力によるのであり、また、その明瞭な願い、堅固な願い、究竟の願いによるのである』

この経で「宝石の樹」と呼ばれているものは、一つ前の経文に出てきた巨大な「道場樹」のことです。そして「この宝石の樹を見るならば、三種の真理の把握が得られる」と説かれていますが、「三種」というのは、悟りの位を分けた数値であり、その一「声を聞いてさとる把握」には声聞乗を充て、その二「すなおに真理に従ってみずから思惟してさとる把握」には縁覚乗を充て、その三「真理は不生不滅であるとさとる把握」には菩薩乗を充てているのです。声聞乗と縁覚乗は小乗経典で説かれ、菩薩乗は大乗経典で説かれているとも言われていますが、ここでは極楽浄土に往生することによって不退転や一生補処の菩薩の位に同座できることから、「このような利益が得られるのは、すべて、無量寿如来の偉大な力、本願の力による」と、この経典の功徳も加えて伝えているのですね。

と、まあ、こんな具合に、極楽浄土には一見何もないように思えたとしても、それは眩《まぶ》しすぎる極楽浄土の光景に、視力が順応できていないからであって、やがて慣れてくれば、住んでいる宮殿をはじめ、衣服や飲食物など、何であれ望みさえすれば現れて、楽しみや喜びを満たしてくれる所としても説かれています。

しかし、そういうことを差し置いても、仏法を浄土の清浄な感覚を通すことによって、過たずに学べるということが、最大の幸せかもしれませんね。

尤もこんな話になると、「そんな夢のような極楽世界が、此の世を越えた所にあると聞かされてもねえ」という声も返ってきそうですが、悟りの世界を言葉で伝えようとすると、どうしてもこういう言い回しになりがちなのです。では、なぜ「そのような極楽浄土が在る」と説かれているのかという疑問に対して、無量寿経が簡単明瞭に答えている個所があるので、それを見てみましょうか。

無量寿経にいわく、『無数に有るほとけたちの国土というものは、かつて積んだ功徳や善業の果報として現れたものである』と。

こういうことなのですね。なので、もしあなたが悟りを開いて仏の位に立ったなら、あなたの心の中にも「極楽浄土」が現れるということです。

第四章　極楽浄土へ向かう道

ところで第一章と第二章では、『阿弥陀経』に説かれている「念仏往生」に関する記述に沿って、「極楽国土へ至る道」を明かしたのですが、それだって、この「弥陀の来迎」という霊体験に恵まれた時でなくては、その成就も望めないということでした。

そうだとすると、極楽往生を望む者は、阿弥陀仏の来迎があるまで、ただひたすらに阿弥陀仏の名号を念じ続けるほかには、打つ手がないのでしょうか。いえいえ、そんなはずはないのです。そこで、それに関する修行道を、第三章からテキストとして用いている『無量寿経』から読み取りつつ、確認できる悟りの道に沿った解説をしてみましょう。

無量寿経に『東方のほとけたちの国々は、無数なることガンジス河の砂の数に等しく、それらの国の菩薩らは、かの極楽国土に行って、無量寿如来を見たてまつった。南方、西方、北方、四隅、上下のほとけたちの国々もまた同じく、それらの国の菩薩らも、かの極楽国土に行って、無量寿如来を見たてまつった』と、説かれていることからも、うかがい知ることができるように、念仏行だけが極楽往生への道ではないようですね。

そのことはまた、無量寿如来がまだダルマーカラ菩薩として悟りを求める修行中に、「もしわたしが覚って仏に成れたなら、苦しみを背負った人々を、このようにして安楽な境地へと救い上げたい」という誓願を綴った「四十八願」の中にも含まれている事柄です。

既に考察済みの『阿弥陀経』による「弥陀の来迎に因した極楽往生への道」は、この『無量寿経』に於ける四十八願中の十八番目と十九番目の願を合成したようなものでした。更に読み進めてみると、三十三番目の願には、『あらゆる無量・不可思議のほとけたちの世界において、生ける者たちがわたしの光明に照らされ、ために、おのずから身も心もやわらいで、神々や人間をこえた幸福をそなえるようにならないならば、その間は、わたしは、この上ない正しいさとりを現にさとることがないように』とあって、極楽以外の浄土からでも無量寿如来の光明を通して道が繋がっていることが明かされています。

文中の「あらゆる無量・不可思議のほとけたちの世界」というところが、無量寿如来以外の仏の浄土を指しています。このことは、すべての人が自分自身の中に仏性を蔵していて、その仏性に導かれて到達した浄土であれば、それぞれが本質に於いて等しいものだという真実を、暗に明かしているものと思いますが、その「等しさ」がある故に、その浄土から無量寿如来の極楽浄土へと通じる道も開かれ得るということでしょう。

なので極楽浄土への往生を願うなら、阿弥陀仏の来迎因にもなる念仏三昧だって捨てがたいとしても、念仏三昧だけが弥陀の来迎因とも言えないのだから、それに加えて、他にも説かれている幾つかの修行法から、すぐにでも自分にできそうな修行を見付けて取り入れてみるのも、極楽往生への可能性を広げることに役立つことでしょう。それと、なによりも極楽往生する前からでも、「楽のみ有って苦の無い境地」に近づくことによって、極楽往生したような心境を楽しみながら、幸せな生活を送ることだってできるのです。

第五章　悟りを開く修行について

仏教には、たくさんの経典や経論がありますが、中でも、お釈迦様が語り残された言葉に一番近いとされる原始仏典を、学びの基本に据えている方も多いことと思われます。今ここで、話題の対象に選んでいる経典は、極楽浄土を説いた三経典の中の阿弥陀経、及び無量寿経ですから、この二経典から選び出した法話に沿う話が中心になります。極楽浄土という名称は、原始仏典には出てきません。しかし、そうだからといっても当然のことですが、阿弥陀経や無量寿経も仏教の経典ですから、お釈迦様が説かれた法を受け継いでいます。なので極楽浄土を語っていれば、ほぼ必然的に原始仏典の語彙《ごい》の理解も要求されることになります。なので、そういう箇所が見付かれば、必要な限りに於いて、その解説も付け加えようと思っています。

それでは、無量寿経には無量寿如来がまだ悟りを求めて修行中の頃の様子が示されているので、まずはそこから入りましょう。

その修行は、ダルマーカラ菩薩が四十八願を述べたあと、更に重ねて誓った言葉の中にある、『生ける者の貪りと怒りと愚痴の汚れを除き、かれらの種々のわざわいを救いたい。智慧の眼を開いて、迷妄の闇を破り、もろもろの悪道を閉じふさいで、善い世界の門に人々を導き入れよう』」という個所に因んだもので、次のように説かれています。

無量寿経にいわく、『すなわち、ダルマーカラ菩薩は、その修行において、貪りの心、怒りの心、愚痴の心をおこさず、また、それらの悪心を生ずるもとの思いさえも抱かなかった』と。

ここに述べられている「貪りの心・怒りの心・愚痴の心」というのは、悟りを妨げる代表的な三つの煩悩で、三毒とか三不善根などともいわれているものです。

原始仏典には「四諦」とか「四聖諦」と呼ばれる「真理の宝石箱」が説かれています。「四諦」の「四」の字は、この宝石箱が四つの引き出しを持っていることを示すものです。その四つの引き出しは、最初が「苦諦」で、次が「苦集諦」で、二番目が「苦滅諦」で、最後が「苦滅道諦」となっています。そして、この苦諦と苦集諦の引き出しには、私たちの現実の姿を観察すれば、既にこのようなものだと納得できるところの、苦しみの人生が生じる由縁を明かした法が収められていて、続く苦滅諦と苦滅道諦の引き出しには、既に始まっている私たちの苦しみの人生行路から、苦しみを取り除くための基本的な法が収められているということです。

そういう訳で、まずはダルマーカラ菩薩が断つ修行をしたとされる「貪りの心・怒りの心・愚痴の心」は、「四諦」の四つの引き出しのうち、どの引き出しに収められた法に関連するものなのかと見れば、二番目の引き出しの「苦集諦」に関連して、一番目の引き出しの「苦諦」に引き継ごうとしているものなのですね。

「苦集諦」というのは、「こういうことを続けていれば、近い将来には大きな苦しみを背負う原因になりますよ」という真理を集めた引き出しなのです。

ではダルマーカラ菩薩が修めた「貪りの心・怒りの心・愚痴の心」は、「苦集諦」という引き出しに収められた宝石でもある法の光に照らすと、どのように見えてくるのでしょうか。

今からそれらの説明を、分かり易く具体的な話に仕上げるために、むかしばなしの「舌切り雀」に沿った説明にしてみましょう。

物語は、『お爺さんは、けがをした雀の手当をして可愛がっていた。お婆さんはそれを見てこころよくは思っていなかった』という因果の伏線作りから本題に入ります。お爺さんの様子からは、雀に対する「貪りの心」も『怒りの心』も「愚痴の心」も読み取れませんが、お婆さんには、雀を可愛がるどころか、お爺さんが雀を可愛がっていることが面白くなかったので、むしろ「怒りの心」に近いものがあったのです。

物語は、『ある日、お爺さんが出掛けているとき、お婆さんが作った糊を、雀が見付けて食べてしまった。お婆さんは怒って雀を捕まえ、「この舌で糊を食べたのか！」と叫びながら、憎い雀の舌をハサミで切ってしまった』と続く。もしお婆さんに、雀を育てることへの不快感や「これは自分の糊だ」という貪欲が無かったならば、決して雀の舌を切り取るという行為も無かったはずです。でもお婆さんは、この時点で「貪りの心」と「怒りの心」を実行してしまったのです。

物語は更に続けて、お爺さんが傷付いた雀のお宿を訪ねたこと。お土産にもらった小さなつづらから、たくさんの宝物が出てきたこと。それを見たお婆さんも、たくさんの宝物を欲しがって、大きなつづらをもらうために雀のお宿を訪ね、まんまと大きなつづらを手に入れて帰途につくまでの様子が語られています。「苦集諦」という真理の引き出しから発せられる光で照らせば、この時点までのお婆さんの行いは、「貪りの心」と「怒りの心」を実践(種まき)したことになり、「苦しみという果物が実る」という因果の法の結末が予感される状況にあることを示すものです。

そして物語は『大きなつづらをもらったお婆さんは、つづらの中に入っているはずの沢山の宝物を、一刻も早く確認したくなって、まだ帰路の途中の薄暗い山道なのに、つづらを開けてしまいました。するとつづらからは「イッヒッヒ〜、お前が望んだ宝物ってのは、おれ達のことだ〜」と叫びながら、大きなハサミを持った恐ろしい形相の妖怪たちが次々と現れて、逃げまどうお婆さんをどこまでも追っ掛けたのでした』というのが、因果の道理から読み取る「舌切り雀」の物語りなのです。

このように見てくると、悟りを求めてダルマーカラ菩薩が修めたとされる「貪りの心」と「怒りの心」の断ち方や、断つべき理由も分かってくるでしょう。では、あと一つ残っている「愚痴の心」というのは何でしょうか。それは「物事は縁によって起こる(=縁起の法)」という「此の世の成り立ち」に疎い心のことだと認識すればよいでしょう。

ではその「縁起の法」というのは、この物語りのどこに示されているでしょうか。それは実にこの物語りの主役でもある「舌を切られた雀」が、お爺さんとお婆さんに対し、返礼として与えたつづらの中味によって示されていることなのです。つまりお爺さんに渡したつづらには宝物(心を満たす喜ばしいもの＝善因善果)が入っていたのに対し、お婆さんに渡したつづらには、「貪りの心」や「怒りの心」に基づいて行動を起こせば、その行動が原因となって、やがては大きな苦しみが自分に返ってくるぞという悪因悪果が示されているということですね。なので雀の役割は「縁起の法」を明るみに出すことにあったのだと分かってきます。

ところで、この例え話のもとになった「貪りの心・怒りの心・愚痴の心」という三煩悩は、心に生じる悪の根源とも言われていますから、他の諸煩悩と共に、普段からできるだけ断つようにしたいものです。というのも、「極楽浄土はここから十万億もの仏の国土を飛び越えたところにある」という説法は、よくよく考えてみると、絶えず再生してくる多数の煩悩に遮られて、本来在るべき自らの心の中の極楽浄土が見えなくなっていることを示唆している、と取ってもよいくらいのものだからです。何れにしても諸悪の根源でもある三煩悩という穢れを抱えたままでの極楽浄土入りはできないのでしょう。このことは、阿弥陀経にも『もし善男子や善女人が阿弥陀仏の名号を一心に執持するなら、臨終の時には阿弥陀仏が来迎して極楽浄土へ導いてくれる』と、あたかも浄土入りは、善男善女であることが条件のようにも読み取れる説法をしていることに端を発し、幾つもの説法がそれに準じているからです。

では、これに因んで、極楽往生のためには善行が必要だと思わせる説法を、幾つか見てみましょう。

無量寿経にいわく、『天地の道理に背き、人倫に従う心がないから、自然に悪の行為をなすようになり、思うままに悪の行為をつづけて、やがて罪の報いを受けるのを待つばかりとなる。まだ寿命が尽きないうちに、たちまち命を奪われて、悪しき境界に落ち入り、苦しみの生存をつぎつぎと重ね、そのなかで転々と苦しみ、数千億劫の長い期間を経ても浮かび出ることがない。その苦痛はことばで表しようがない。まことに哀れむべきものである』

ここには、悪い行いをしていると、浄土入りどころか、悪い境界に落ちて長期間苦しむと説かれていますね。

無量寿経にいわく、『もしも災難や処罰をうけて、身命をおとすことでもあれば、すべてのものを捨てていかねばならない。だれ一人、かれに従っていく者もいないのだ。こうした憂いがあって、悩みや恐れは実にさまざまである。また、ときには、このような苦痛のために身命を失うことがある。この人々は、進んで善をなし、道を実行し、そして徳を積むということをしないから、死んでからは、ただ独り遠く悪しき境界に向かわねばならない。向かうべき境界があるといっても、それは善業または悪業の報いとしていくのである。それにもかかわらず、この善悪の因果の道理ですら、人々は知っていないのである』

ここに説かれているのもまた、善行をして徳を積まなければ、死後には悪い境界に落ちると説き、善業には善果、悪業には悪果という、因果の道理を示そうとする内容ですね。

無量寿経にいわく、『どうして人々は世間の雑事を捨てて、各自が強健である間に、努力して善を実行し、さとりの彼岸に達しようと願って、精一杯に励まないのか。いまこそ、きわめて長い命を得べき時であるのに』

ここでは、自ら努力して善いことを実行せよ。そして仏の国土を目指し、正しくて善き解脱への法を誠心誠意実践せよ。それこそが無量寿仏の浄土へ往生して、不死安楽の境地を自心に開くチャンスであると言って、善行こそ極楽往生への最大の因であることを強調したような文になっています。

ところで、この論で取り上げている阿弥陀経と無量寿経は、浄土三部経に含まれていて、他力を説いた経典としても知られていますね。どこが他力だと思いますか。「念仏往生」を説いているからでしょうか。一口に「念仏往生」と言われても、念仏と往生の間が直接の縁つながりではないので、答え方が難しいのですが、具体的に「南無阿弥陀仏と念じれば極楽往生できる」という意味なら、その念仏内容の全体が念仏者の意識であって、それを他力法だと言うことはできないでしょう。なぜなら、その念仏の中には阿弥陀仏が現れていないからです。念仏者が「自」で、阿弥陀仏が「他」でしょう。なので「念仏(自力)するだけでは極楽往生(他力)はできない」のです。

尤も、このように言い切ってしまうと、経典の「阿弥陀仏を一心に念ずれば、弥陀の来迎を得て、極楽往生できる」といった意味の説法を否定するように取られるかもしれませんが、そうではないのです。たとえ日々何百回念仏しようと、阿弥陀仏の来迎を得られなければ極楽往生できる訳がない、という道理を語っているのです。

例えばコンピュータの読み上げソフトに、「ナムアミダブツ」という文字記号を延々と発音させたとしても、コンピュータが弥陀の来迎を得て極楽往生するなんて、誰も認めないでしょう。その例に近いものとして、オウムやインコなどのモノマネ鳥に念仏を教え込んだ場合を考えても、やはり同じ答えしか期待できません。言葉の意味が分からなければ、無意味な発声作業に過ぎないからでしょうね。しかし人間の場合は少しばかり事情が異なります。

因みに、あなたは生まれてこの方、極楽浄土を見たことがありますか? 殆どの人が「ない」のですが、見たことがないのなら、「どこにあるかも分からない」ですね。ならば当然「自力で行くこともできない」ということになります。そこで経典の「阿弥陀仏が知ってるよ」という教えが役に立ち、弥陀の名号を念じていると、それに応じて阿弥陀仏の霊体らしきものが霊感されます。この状態を経典では「弥陀の来迎」と言っているのですが、その霊体の誘導に応じていると、様々な見知らぬ場所を通り抜けて、極楽浄土に到達することができる、という仕組みになっているのです。

ということで、阿弥陀仏が来迎した時点から、念仏者を誘導し、無事に極楽浄土へ往生させる時点までを、念仏者の立場から見ると、「他力法界に乗じていた時間」として認識できるという結論になります。しかし現実には、誘導される念仏者の能力次第で、極楽への道の途上での脱落もあり、弥陀の来迎があったからといって、必ずしも極楽往生できるとは限らないのです。しかも極楽への道の途上では、度々念仏者の善行精神や不惜身命の覚悟のようなものまでが試されるような状況にも遭遇しますから、普段から善行に馴染んでいるほうが、格段に有利だとも言えるのですね。

第六章　三種の心統一を修める

無量寿経には引き続き、ダルマーカラ菩薩が「三種の心統一」に専念した様子が説かれています。それは『すべての事象は実体なく空であると観察すること』と、『すべてのものに差別の相がないと観察すること』と、そして『すべてのものを願い求める思いを捨てることを観察する』という、三項目にまとめられた簡単な記述によって伝えられています。なので続いて、それについての説明をします。

先ず最初の心統一は、『すべての事象は実体なく空であると観察すること』です。「すべての事象」というのは、人間の感官が働く六つの対象のことで、目の対象の「色形」、耳の対象の「音声」、鼻の対象の「香り」、舌の対象の「味」、触覚の対象の「触れられるべきもの」、そして意識の対象としての「五官などを通して伝わったものを意味や名称として認識したり思考する領域」のことで、これら六つの事象のすべてには、実体というものが無く、空なるものだと知りなさいと説いているのです。この場合(仮諦を明かす場合)の「空」の意味は、例えば中味が空っぽの箱(仮有)のように、有っても何の意味もない存在のようなものを指す言葉だと認識すればよいでしょう。

続いて説かれている心統一は、『すべてのものに差別の相がないと観察すること』ですが、これは最初の心統一で学んだ「空の観察」によると、すべてのものの実相が空なるものとして、一切の区別を受け付けないものだと知られるので、「すべてのものに差別の相がない」という観察が生じることになるのです。

そして三つめの心統一ですが、『すべてのものを願い求める思いを捨てることを観察する』ということは、最初の心統一で『すべての事象は実体なく空である』と観察したことを思い出せば、「中味が空っぽの箱を得ようと願うこともまた、何の意味もないことだ」と認識されるでしょう。そして「他のすべての箱もまた空っぽなのだから、得ようと願うこともまた何の意味もない」と認識されます。なので、この心統一を修めた時点で、『すべての、ものを願い求める思いを捨てる』という境地に至ることができるということになります。
こうして、三種の心統一を修めたダルマーカラ菩薩は、『もろもろの現象したものは、本来、作られたものでなく、生起したものでもなく、まぼろしのごとく、仮に姿をとって現れたものにすぎないという観察に達したのである』と、述べられているのです。

三種の心統一を修めることによって、こういう境地に達することができるというのも、「空の悟り」を得た時点で約束されていたようなものですが、そうすると、ダルマーカラ菩薩の修行の様子を読み取りながら、それを学んできたわたしたちもまた、同じ仏法を修めたことになるので、ダルマーカラ菩薩とわたしたちは共に同じ境地に達したことになります。

では、現にわたしたちが達成したところの境地って、どんな境地でしょうか。それは問われるまでもなく、「此の世の中に、わたしたちが愛着すべき何ものをも観ない」という境地でした。「もしかして、この境地って、すごいことかも?」って思いませんか。仏教では、この境地を「解脱」と呼んで、修行の目的地に定めているほどです。だとすれば、この論の第一章の冒頭に戻って、『ここから西方に十万億の仏土を越えたところに、極楽と名付けられた仏の国土があり』という文章を思い出しつつ、自分の心境と照らし合わせてみましょう。経文では「ここから離れたところに極楽はある」のでした。この場合、「ここから離れる」とは「此の世から離れること」を意味するでしょう。現にわたしたちは「此の世の中に愛着すべき何ものも観ない境地」に達していることを確認しています。ということは、既にわたしたちの心は、此の世を超えた極楽浄土へ出発しているに等しい境地に達しているということではないでしょうか。

第七章　浄土往生必定の修行

ここでは、「このような修行をすれば、必ず仏の浄土へ往生できる」と語られているところの、釈迦如来による説法の箇所から読み進めてみましょう。

先ず最初に、『すべて存在するものは、空性にして、あたかも夢・まぼろし・響きのようだと悟りつつ、もろもろの妙なる願いを満たすならば、必ず、このような仏の国を得るであろう』と、説かれています。

経文中の「このような仏の国」というのは、此の世から見て東方と南方と西方と北方と上方と下方など、あらゆる方角にある仏の国を含めた言い方です。なので、「このような仏の国」に生まれるためには、「すべて存在するものは、空性にして、あたかも夢・まぼろし・響きのようだ」と悟ることから実践しなさいという意味です。

そして、「もろもろの妙なる願いを満たすならば」と続きますが、これは「すべて存在するものに執着することは、空っぽの箱の中味をつかみ取ろうとするような、むなしいことだ」と悟り、「生滅を超えた安楽が約束されている仏の国への往生の願いを実践する解脱行を満たすならば」という、極楽往生を叶えるために必要な修行の条件を教えている言葉です。

ですから、教えの通りに修行の条件を満たすことができれば、因果の理法にも適うということで、経文の締めくくりを、『必ず、このような仏の国を得るであろう』と、結んでいるのです。

次に説かれている経文は、『すべて存在するものは、雷・影のようだと知りつつ、菩薩の道を究めつくし、もろもろの功徳の本を積むならば、如来の証しを受けて、必ず仏となるであろう』ということです。

ここでは「菩薩の道を究めつくす」という言葉が意味するところを説明しますが、菩薩というのは、「上求菩提下化衆生」略して、「上求下化」とも言われているように、自らは仏の境地を目指して向上に努めながら、仏道の後輩などに対しては、手を差し伸べて導くことを厭わない境地を指すのです。しかし、よくよく考えてみると、この二つは互いに関連しているようです。なので、この中のどちらか一方を指して「菩薩行」と言っても、べつにかまわないようですから、ここでも「上求菩提」の意味だけを取っての「菩薩の道を究めつくす」でも問題はないでしょう。というのも、達磨大師が独り岩屋に籠もって修行している図からも想像がつくように、下化衆生の縁がない修行者だっているからです。この場合は、上求菩提を極め尽くしたとき、自分自身がそれであるところの衆生を同時に下化したことになるので、「上求菩提」だけで問題なしなのですね。ということで、「菩薩の道を究めつくしたところ」が、そのまま「仏の境地」になります。

経典からの本文では、「如来の証しを受けて、仏となる」と説かれていますが、「菩薩が道を究めつくした時」に、どこかから如来が現れて、「もう仏に成っているよ」と、証言をしてくれるというような単純な意味ではなく、この場合は菩薩自身が、「もう修行は尽きた。ここから先へは進めないのだから」という確信が生じると同時に、「わたしは仏の境地に達した」という自覚が生じたことに合わせて、菩薩が自ら得た境地を、信奉する経典に説かれている境地とピッタリ一致することを発見したときの心理状態を加味してこそ、「如来の証しを受けて、仏となる」という言葉の意味が捉えられるということです。

更に次の経文では、『すべて存在するものの本性は、ことごとく空であり無我であるとさとりつつ、ひたすら仏の国土を求めるならば、必ずこのような仏の国を得るであろう』と、説かれています。

この箇所の前半に出てくる「無我」という言葉は、原始仏典に「無常・苦・無我」を悟らせる目的で繰り返し説かれている法語にも含まれていますから、まずはその経説について説明しておきましょう。

原始仏典には、『色は無常である。無常なるものは苦である。苦なるものは無我である。無我なるものは、わが所有に非ず、わが我に非ず、またわが本体にも非ず。まことに斯くの如く正しき知恵を以て観るがよい。また同様に受と想と行と識についても、無常で苦で無我なりと正しい認識を以て観るがよい』と、説かれています。

始めに出てくる「色は無常である」の「色」については、「此の世に存在するすべてのもの」だと認識して差し支えないでしょう。そして「無常」というのは、「時と共に変化して、一定の状態を保つことがない」とか、「壊れないものは無い」というような意味です。

次に、「無常なるものは苦である」の意味ですが、例えば、すぐ壊れると分かっている車に乗っているとしたら、楽しいでしょうか。少し走らせると、どこかが壊れ、そこを修理して走らせると、またどこかが壊れ、そこを修理して走らせると、またまたどこかが壊れる。楽しいどころか、乗るたびに修理の苦労を強いられますね。なので、このような状態を指して、「無常なるものは苦である」と説いているのです。

そうすると、次の言葉「苦なるものは無我である」が意味するものは何でしょうか。先ほど考えた「すぐ壊れる車」の例に則れば、「何度修理してもすぐ壊れて不愉快極まりない。こんな車はもう捨ててしまおう」という結末に至ることも目に見えています。ではここで「こんな車はもう捨ててしまおう」と判断したのは誰でしょうか。勿論この「誰」は

「車の持ち主」のことです。この「誰」を、「誰」自身の立場から言えば「我」ですね。すると「車を捨てる」ことは、「我を車から切り離す」つまり「我と車の繋がりを無縁にする」ことになります。この状態を原始仏典の説き方に合わせると、「苦なるものは我がものに非ず」といって切り離している姿を彷彿《ほうふつ》とさせますね。

そこで考察を一歩進めて、「無常にして壊れる車」を、「自分自身の身体」に置き換えてみます。身体もまた様々な病や怪我や老化による不調を招いて、壊れる車を絶えず修理しなくてはならないのと同様の苦労の種になります。しかし車と違って買い換えはできないし、かといって「老病死しない身体になれ」と命じても、身体は誰の思い通りにもなりません。誰の思い通りにもならないのなら、そこに自分(我)というものが無いということになります。この状態を原始仏典では、「苦なるものは無我である」と説いているのです。

さあ、どうしましょうか。苦しみのもとであると分かっても、捨てるに捨てられない自分の身体。どうやれば苦しみの元を断って、楽のみあって苦のない「極楽浄土」に往生できるのでしょうか。

そこで、極楽浄土の目印ぐらいは見付けたくなったとき、その足場にもなる言葉を示してくれるのが、いま取り上げた原始仏典の一節なのです。いわく、『無我なるものは、わが所有に非ず、わが我に非ず、またわが本体にも非ず。まことに斯くの如く正しき知恵を以て観るがよい。また同様に受と想と行と識についても、無常で苦で無我なりと正しい認識を以て観るがよい』と。

勿論お釈迦様は、苦のない安楽の境地を知っているからこそ、このような説法を自在に説けたのでしょう。なので、ここでも「何も心配することはないよ。この論説のままに心を修めなさい」とでも言っているかのようですね。

そこで、お釈迦様の論説をまとめてみると、「此の世の一切のもの」即「無常・苦・無我」となっていることが分かります。これに対して、考察中の経説が、『すべて存在するものの本性は、ことごとく空であり無我であるとさとりつつ、ひたすら仏の国土を求めるならば、必ずこのような仏の国を得るであろう』ということですから、簡単に言い換えれば、「此の世は苦だと悟って仏の国を求めていると、仏の国に至る」と言っていることになるでしょう。すると問題は「仏の国を求める」とは何か？　ですね。先ほどの考察では、無我であるところの身体は、壊れる車のように買い換えようと思っても、買い換えることができないということでした。では、どうしたらよいでしょうか。「執着を捨てる」でしょうか。そうですね。総合的に答えようとすると、『此の世が「無常・苦・無我・不浄」

だから、仏の世というのは、「無常・苦・無我・不浄」が修行によって滅せられ、そこに「常・楽・我・浄」が現成した所』ということになります。なので問題の経説にある「仏の国を求める」の意味は、「此の世の生存を解脱する」だと分かります。

第八章　極楽浄土の福楽

経文には「極楽浄土は楽のみあって苦のないところ」と説かれているけれど、「そんな夢みたいな境地って、本当にあるのか。それは生きて到達できるところなのか」と疑う心が生じたとしても、無理はないでしょう。なので経典には、そういう疑いの心を取り除くために、「浄土に往生すれば、こんなに素敵な果報が得られますよ」という、魅惑的な内容に満ちた法話が幾つか挿入されているのです。ここでは、そのような魅惑的な浄土の様子を残らず紹介することもできませんが、中でも極楽往生に絡んで役立つと思われる個所を例にとって、話を進めてみたいと思います。

無量寿経には、『かのほとけの国土に生まれた者は、知恵をあまさず満たし、すべてのものの本性をさとって、深奥を極めつくしている。超人的な通力はなにものによっても妨げられず、感覚器官は鋭利である。かれらのうち、たとい、能力のにぶい者でも、二種の把握「教説を聞いてさとること、及び真理に素直に順ってさとること」を得ており、能力のすぐれた者は、不生不滅の道理をさとることの把握を得ているのだ』と説かれています。

この経文では、極楽浄土に生まれた者に具わった能力を讃えた後、その能力を三種に分けて明かしていますが、その悟りの境地は、声聞乗と縁覚乗と菩薩乗です。各境地が修行の拠り所とする仏法は、声聞乗が四聖諦で、縁覚乗が十二縁起で、菩薩乗が般若でしょう。なのでみなさんも、この三つの仏法を基本に据えて学ばれると、悟りへの道がぐっと引き寄せられて、歩きやすくなること必定です。

ところで、こうした通説的解説も必要とは思いますが、最初に約束したように「極楽往生に絡んで役立つと思われる個所を例にとった」のであれば、もっと「極楽往生に役立つと思われる解説」にも立ち入ってみたいと思います。

この経文の文章は、もとより悟って仏の境地に立つ人物が著したものですから、その言葉の端々にも、深い意味が秘められていても不思議ではありません。もしこの文章がそういうものであれば、言葉の意味をそのままに読み取っていくだけでは、深い意味を見落としてしまいます。また、この文章は、「ほとけの国土に生まれた者は」と書き始められ、文章全体を限定しているとも取れるからです。そうであれば、ここで使われる言葉は聖なる意味を持っているということになります。なので、「知恵をあまさず満たし」とあれば、「此の世をありのままに観て解脱している仏の知恵」のようなものを思い浮かべなくてはなりませんし、「すべてのものの本性をさとる」とあれば、「此の世に現れているすべてのものは、縁起していて無常な様相を呈しているが、その奥に隠されている清浄な本性を悟らなければならない」などの意味が読み取れなくてはならないということでしょう。

例えば「桜の木」という言葉からは、どんな状態の桜の木を思い浮かべますか。「種の状態」や、「双葉が出た状態」はまず無いし、たぶん最も美しい「満開の桜」でしょうか。なぜって、「満開の桜」こそ、誰が見ても、桜の木と他の木々との区別が明瞭に現れている状態だからではないでしょうか。

しかし「桜の木の本当の姿は？」と問われると、何を思い浮かべますか。「種の状態でも、種が無ければ桜の木は無いのだから、やはり種も桜のうち」ですよね。同様に「双葉が出た状態でも桜は桜」ということになります。つまり木になる前の種から始まって、花が咲く状態に育った時期も含め、やがては木としての寿命が尽きると、枯れて消滅しますが、これらのうちのどの時期も「桜の木の姿」に違いはないでしょう。ならば桜の木の生涯全体を捉えた意味が含まれていなくては「桜の木の本当の姿」とは言えないはずです。なので経文の「すべてのものの本性をさとって」の意味も、「すべてのものの生滅(生まれてから消滅するまで)の全体を捉えた認識」というように理解しなくてはなりません。そこが分かってくれば、「非有非無」などの聖典で使われている不思議な言葉も、過たずに読めるようになってくるのです。

そのように、聖語の謂われが見えてきたところで、本題の「浄土に往生したら得られる福楽」を、テキストとして提出した経文の中から読み取る試みに移りましょう。

経文の「かのほとけの国土に生まれた者」の「かのほとけ」とは「無量寿如来」のこと。またその「国土」とは「極楽国土」のこと。そこに「生まれた者」とは「弥陀の来迎に与《あずか》って極楽往生した者」或いは、無量寿如来その人をも含めた「自己の実相を悟って解脱し、自ら極楽往生した者」のことと読み進めます。

続く「知恵をあまさず満たし、すべてのものの本性をさとって』は「ものごとをありのままに観察する力量を修めて、一切者の本当の姿を悟ること」と読み、「深奥を極めつくしている」には「これより奥深い悟りは無いという不滅の悟りに達している境地」を読み取ります。

更に「超人的な通力はなにものによっても妨げられず、感覚器官は鋭利である」には、「此の世の境界を貫いて得られる神通力は、縁起法界の何ものによっても妨げられることなく、それらを消したり現したりすることも自在なのです。そのため感覚器官も煩悩によって曇らされたり、迷いの世界に繋縛されることもないのです」というような意味を読み取りながら応じます。この読みに示した「消したり現したりすること」は、無意識に執着を生じそうになったときや必要を覚えたとき、その対象物を消したり現したりしつつ、心の清浄や中道を守ることに役立てます。

このように読み進めて、文末の「不生不滅の道理」つまり「万物の本当の姿は、生じたり滅したりするものとしてあるのではないという真理」までを、自身が会得した仏法などの中から拾い出せれば、自分が経文にいう「かのほとけの国土に生まれた者」と同等だと知られるところまで往けるので、そうなれば、これを「仏に証される」状態と言うこともできます。なぜなら、この状態は自他共に証し証される関係になっていて、「わたし」が経文を証することが、同時に「経文」によってわたしが証されることにもなるからです。

なので本題の「極楽浄土の福楽」の一つ、「不生不滅の道理」を得られたことが分かれば、この不生不滅の道理の光に与《あずか》っての、此の世の生者のすべてを包み込む禅観を通して、確かに「楽のみあって苦のない幸せ」が我が身にも成就されている、と覚れる日を目指しましょう。なぜなら、原始仏典でも説かれている、此の世の「生きることの苦しみ、老いることの苦しみ、病むことの苦しみ、死ぬことの苦しみ」という根本的な四苦が、「不生不滅の道理」によって、きれいさっぱりと取り除かれるからであり、これが根こそぎ取り除かれることによって、その他の苦しみも消滅することになるからです。しかもこの「極楽浄土への往生」は、もとより誰もが成就できる種(如来蔵)を持っているのですから、嬉しいですね。

第二部　真理のことばにそって

第一章「ひと組みずつ」から

一

（経文一）『ものごとは心にもとづき、心を主とし、心によって作り出される。もしも汚れた心で話したり行ったりするならば、苦しみはその人につき従う。――車をひく（牛）の足跡に車輪がついて行くように』

（二）『ものごとは心にもとづき、心を主とし、心によって作り出される。もしも清らかな心で語したり行ったりするならば、福楽はその人につき従う。――影がそのからだから離れないように』（『真理のことば』一・二）

この二つの経文では、心を二つに分けて説法の足場を作っています。「汚れた心」と「清らかな心」というのがそれです。そしてこの法話の読者を「清らかな心」へと誘導するような内容になっています。「汚れた心」には「苦しみ」がつき従い、「清らかな心」には「福楽」がつき従うと説かれれば、誰だって「苦しみ」を得るより「福楽」を得たいと思うだろうからです。ここに説かれている理は、「悪い行いには悪い報いがあり、善い行いには善い報いがある」という因果の法則ですね。

そうであれば一時も早く「汚れた心」とはおさらばし、「清らかな心」と末永く結ばれていたいと思うのが人情ではないでしょうか。勿論「清らかな心」を求め続けていれば、いずれは「ほんとうの自分」にも、「仏の境地」にも目覚められることでしょう。また、そうであればこそ、後の大乗仏典でも「誰もが仏の性質を持っている」と説かれているのでしょう。

二

(経文一)『この世のものを清らかだと思いなして暮らし、(眼などの)感官を抑制せず、食事の節度を知らず、怠けて勤めない者は、悪魔に打ちひしがれる。——弱い樹木が風に倒されるように』

(二)『この世のものを不浄であると思いなして暮らし、(眼などの)感官をよく抑制し、食事の節度を知り、信念あり、勤め励む者は、悪魔に打ちひしがれない。——岩山が風に

揺るがないように』（『真理のことば』七・八）

一の経文の「此の世のものを清らかだと思いなす心」と前経文の「汚れた心」とが結びつくものであり、二の経文の「此の世のものを不浄であると思いなす心」と前経文の「清らかな心」とが結びつくものだと判断できます。つまり「悪い報いがある道」と「善い報いがある道」のことですね。

そうすると「汚れた心」を捨てて、「清らかな心」を選び取ろうと思ったら、二の経文に従った生き方を参考にするべきだという認識になるでしょう。

したがって「眼などの感官をよく抑制し」には、「見聞きする事物への愛着を抑制せよ」というような警告の意味が取れるので、自ずから「食事の節度」も生じたり、日常生活に於けるさまざまな愛着も、信念に沿った「勤め励み」によって「抑制するならば……」ということで、ここまでが因位の善行説示になっています。

しかし、この経文では、素直に果位を示す「善い報いが得られます」というような文章に代えて、「悪魔に打ちひしがれない。――岩山が風に揺るがないように」という、裏果位のような文章が置かれています。この文章の意味は、経文一の「眼などの感官を抑制しなければ、悪魔に打ちひしがれる」という繋がりからも分かるように、「煩悩の魔」を「悪魔」と呼んでいるのですね。そして、経文二の文末に、このような裏果位的文章が用いられた理由も、経文一との縁繋がりを保つ技として、納得できます。

三

（経文一）『悪いことをなす者は、この世で悔いに悩み、来世でも悔いに悩み、ふたつのところで悔いに悩む。「私は悪いことをした」といって悔いに悩み、苦難のところ（地獄など）に赴いて（罪の報いを受けて）さらに悩む』

（二）『善いことをなす者は、この世で歓喜し、来世でも歓喜し、ふたつのところで共に歓喜する。「私は善いことをした」といって歓喜し、幸《さち》あるところ（＝天の世界）に赴いて、さらに喜ぶ』（『真理のことば』一七・一八）

経文一の文脈を整理すれば、『悪いことをなす者は、「私は悪いことをした」といって、此の世で悔いに悩み』が、此の世で受ける報い。『苦難のところ（地獄など）に赴いて（罪の報いを受けて）、来世でも悔いに悩む』が、来世で受ける報い。で、此の世と来世と合わせて『ふたつのところで悔いに悩む』と言っているのですね。

経文二の文脈を整理すると、『善いことをなす者は、「私は善いことをした」といって、此の世で歓喜し』が、此の世で受ける報い。『幸あるところ(天の世界)に赴いて、来世でも歓喜す』が、来世で受ける報い。で、此の世と来世と合わせて『ふたつのところで共に歓喜する』と言っています。


まず最初に、「悪いことをなす者」は、「私は悪いことをした」といって悔いに悩む、という因果の流れが読み取れますが、この流れが更に「苦難のところ(地獄など)」に赴かせるとも説かれています。これは「善いことをなす者」が「私は善いことをした」といって歓喜し、「幸あるところ(天の世界)」に赴いて更に喜ぶ、と説かれている後半部分との対照によって、その因果の流れを理解しやすい構成になっています。

実際のところ、「私は悪いことをした」と現世での生き方に悔い悩むところがあれば、自分の人生を「もう思い残すことはない」という満足感で閉じる流れに入ることができないので、ここのところが心のわだかまりとなって、「幸あるところ(天の世界)」に赴くこともできず、後悔の念と共に「苦難のところ(地獄など)」に赴いて、罪の償いなどを終えなくてはならなくなる、というのが、この法話の意味するところでしょう。なので、もし人生の還道（この経文では「来世」）を幸あるところで過ごしたいと思うなら、努めて「善いこと」を行い、聖霊の天使たちの来迎に与《あずか》って、天国へ招いてもらえるような生き方をしなさい、という法を説いて、読者を善道へと誘っているのですね。

第二章「はげみ」から

一

（経文）『つとめ励むのは不死の境地である。怠りなまけるのは死の境涯である。つとめ励む人々は死ぬことがない。怠りなまける人々は、死者のごとくである』（『真理のことば』二一）

冒頭の、「つとめ励む」や「怠りなまける」の対象は、当然「仏法修行」のことです。なので、「仏法を修行するということは、不死の境地に入ることである」と、読み換えることもできます。

例えば、仏法修行の仏法を「十二縁起」に取った場合、「生によって老病死がある」という個所から、さかのぼって無明に至る任意の個所を断つことができれば、理としては「不死の境地」に入れるということは分かります。

また仏教では、「色は無常、無常なら苦、苦なら無我」という法も説かれています。「色」は色形のあるもの全般を指しますが、今ここでは「死の境涯」という言葉に合わせて、「私たちの生身の体」に限定した考察を進めてみましょう。すると、「身体はやがて壊れて無くなる。壊れるものなら苦である。苦をもたらすものなら私ではないし、私のものでもない」となります。

確かに、「苦なら私でないし、私のものでもない」という見解は、現実的にも心情的にも否みがたいものです。誰だって苦しみをもたらすものが身体や身辺に現れたなら、早く消え去ってほしいと思うだろうし、取り捨てたいとも思うだろうからです。ということは、「仏法に沿って、それをやれ！」という示唆を、この経文から読み取ることもできるということです。つまり、こういうことです。「人間は死すべきものである」という理法の枠内に留まっている状態が、「死の境涯」ならば、その理法の枠外へと解脱できた状態が、「不死の境地」だから、「仏道に励むことによって、人間の境涯を超え、仏の境地と一体になりなさい」と。

　ということで、「つとめ励むのは不死の境地である」は、「死苦のある領域は、私の居る場所ではない」と悟って、仏法修行に励み、「死の境涯」から「不死の境地」へと解脱すること。もう一方の「怠りなまけるのは死の境涯である」は、仏法修行の福徳に無知ならば、仏法にも関心は薄いだろうから、いざ老病死に直面すると、その苦から逃れる術《すべ》を知らなくて、恐怖に襲われたりする。というような意味内容を持つのが、この法話なのだと認識することができます。

二

（経文二）『放逸に耽るな。愛欲と歓楽に親しむな。おこたることなく思念をこらす者は、大いなる楽しみを得る』

（二）『賢者が精励修行によって怠惰をしりぞけるときには、知恵の高閣《たかどの》に登り、自らは憂い無くして（他の）憂いある愚人どもを見下《みお》ろす。――山上にいる人が地上の人々を見下ろすように』（『真理のことば』二七・二八）

初めに、節度のない勝手気ままな振る舞いや、愛欲と歓楽に親しむことへの警告が述べられています。そして、これらは人を死の境涯に縛り付ける原因になるからだ、ということが経文の後半によって暗示されています。すでに学んだように、「怠ることなく思念をこらす」は、「不死の境地」に至る解脱に繋がる仏道修行を指す言葉でしたね。

二の経文では「賢者と愚人」という言葉の対比が用いられていますが、この対比を「仏道修行を取り入れた自分と、仏法に無知だった頃の自分」に当てはめてみるのも、分かり易くてよいのではないでしょうか。そうすると経文の言葉は「仏道修行に精出して励むことによって、怠惰に耽る心が打ち消されてみると、その清らかな解脱の境地には憂いが生じる因も無く、下方には仏道修行によって得られる福楽に無知だった頃の、怠惰で憂いに満ちた自分の姿を見下ろす思いがする」というように読み換えることもできるでしょう。

第三章「花にちなんで」から

一

（経文一）『だれがこの大地を征服するであろうか？　だれが閻魔《えんま》の世界と神々とともなる此の世界とを征服するであろうか？　わざに巧みな人が花を摘《つ》むように、善く説かれた真理のことばを摘み集めるのはだれであろうか？』

（二）『学びにつとめる人こそ、この大地を征服し、閻魔《えんま》の世界と神々とともなるこの世界とを征服するであろう。わざに巧みな人が花を摘《つ》むように、学びにつとめる人々こそ善く説かれた真理のことばを摘み集めるであろう』（『真理のことば』四四・四五）

これは一の経文が問いなのに対し、二の経文がそれに答えたものですね。そして前後の経文の違いは、「だれが」と問われている言葉に対して、「学びにつとめる人」と答えているところにあります。なのでこの経文からは、「学びにつとめる人、は、大地を征服して安楽な境地に達する」という答えと共に、「怠け惚ける人、は、大地（生死の領域）への囚《とら》われから脱出できずに苦しむ」という答えも同時に知ることになります。

次に「閻魔の世界と神々とともなる世界」という言葉がありますが、閻魔というのは死出の旅路に現れて、生前の生き様を善悪で裁く大王として知られているものです。悪と判定されると地獄堕ち、悪とは判定されなかったなら神々の住む天の世界へと続く道への通行が許されるのです。そこで答えは「学びにつとめる人、は、閻魔の世界と神々とともなる此の世界とを征服するであろう」と説かれているのですが、それはどういう意味かというと、閻魔が現れる道は死出の旅路でしたね。しかし「学びにつとめる人」は、解脱して不生不死の境地にも通じているので、死出の旅路に於いて裁かれる件にも無縁だとか、或いは素通りできるというような意味も含まれているということです。

答えの最後が「学びにつとめる人、は、善く説かれた真理のことばを摘み集める」ですが、この「摘み集める」には、「学び知る」ということだけではなく、更に「実践する」という意味も加わっているのですね。つまり「学びにつとめる人、は、善く説かれた真理のことばを正しく理解し、更に自分のものとするために実践して生死の領域を解脱するので、安楽の境地に至り得る」というような意味です。

二

(経文)『この身は泡沫《うたかた》のごとくであると知り、かげろうのようなはかない本性のもので

あると、さとったならば、悪魔の花の矢を断ち切って、死王に見られないところへ行くであろう』(『真理のことば』四六)

この経は、前の経の「学び」について具体例を述べたものだと意識して読むと分かり易いでしょう。「この身は泡沫のごとく」というのは、「人の身体というものは、水面に浮かぶ泡のように儚いものだ」と言っているのですが、続く「かげろうのような儚い本性のものであると悟れば」と共に、物事をありのままに捉えた見解として、素直に受け入れます。何故なら、それを受け入れればこそ、続く「悪魔の花の矢を断ち切る」ことが可能になるのであって、もし受け入れることを拒むならば、「悪魔の花の矢に射られて、死王の裁きに遭う」ことになるからです。「悪魔の花の矢に射られる」とは、「生死の世界の囚《とら》われ人になる」ということです。それに対して「悪魔の花の矢を断ち切る」ことができた場合は、前の経に言うところの「わざに巧みな人が花を摘むように、善く説かれた真理のことばを摘み集めるであろう」を満たす境地に達するということでしょう。

第四章「真人」から

一

（経文）『すでに（人生の）旅路を終え、憂いをはなれ、あらゆることがらにくつろいで、あらゆる束縛の絆《きずな》をのがれた人には、悩みは存在しない』（『真理のことば』九〇）

この経文は、「凡そ悟り終えた人の心は、このようなものである」と説いているものですが、そこで冒頭の「すでに（人生の）旅路を終え」から検討すると、「求むべきものは求め尽くした＝悟るべきものは悟り尽くした＝すでに充分に生きて為すべきことは為し終えたので、この人生に思い残すことはない」というような意味が含まれているかと思われます。そうであれば残りの人生に於いても、新たに求むべきものも無いので、経文にあるように「憂いを離れ、あらゆる事柄にくつろいで、あらゆる束縛の絆を逃れた生き方」ができるということですね。そして、このような心境に達した人のことを、この章の見出しから、「真人」と呼んでいるのだということも分かってきます。

二

（経文）『その人の汚《けが》れは消え失せ、食物をむさぼらず、その人の解脱《げだつ》の境地は空《くう》にして無相であるならば、かれの足跡は知り難い。――空飛ぶ鳥の跡の知りがたいように』（『真理のことば』九三）

心の中がカラッと晴れ渡った大空のように清々しくて、あれこれ思い煩うような雑念のかけらも見当たらない境地、これを指して「その人の解脱の境地は空にして無相であるならば」と説かれているのですね。

また、そうであるならば当然の成り行きで、「どこへ行きたい」というような目的も望みも持たずして、見渡す限りの大空を自由に飛び回る鳥のように、世間を往来する人を見掛けるとすれば、「彼がどこからどこへ行こうとしているのかということさえ知る由もない」というようなことを説いているのでしょう。なので、これをまた違った角度からまとめると、「解脱して真人となった人の行動は、極めて自由なものであって、余所《よそ》からの誘導や強制を超えている」などとも言えるのではないでしょうか。

三

（経文）『何ものかを信ずることなく、作られざるもの（＝ニルヴァーナ）を知り、生死の絆《きずな》を断ち、（善悪をなすに）よしなく、欲求を捨て去った人、――かれこそ実に最上の人である』（『真理のことば』九七）

冒頭の「何ものか」は、続く「作られざるもの（＝ニルヴァーナ）を知り」との対比で読めば、「作られたもの」即ち「壊れるもの」のことだと認識できます。なので「何ものかを信ずることなく」は、そのまま「生死の領域にあるものを信ずることなく」という意味に読めるので、続く「作られざるもの（＝ニルヴァーナ）を知り、生死の絆を断ち」までの意味関連もはっきりします。続く「（善悪をなすに）よしなく」は、「作られざるもの（＝ニルヴァーナ）を知り」を受けた言葉として取れば、「何ものか（作られたもの）」を排除したからには、善悪の行を為す由縁も無くなったのだから、そのような修行の流れに入って「欲求を捨て去った人」は、有為の此岸から解脱して真人の境地に至るので、「かれこそ実に最上の人である」との称讃に値するものだと分かります。

第五章「千という数にちなんで」から

一

（経文一）『戦場において百万人に勝つよりも、唯だ一つの自己に克つ者こそ、じつに最上の勝利者である』

（二）『自己に打ち克《か》つことは、他の人々に勝つことよりもすぐれている。つねに行いを慎み、自己をととのえている人、――このような人の克ち得た勝利を敗北に転ずることは、神も、ガンダルヴァ（天の伎楽神）も、悪魔も、梵天もなすことができない』（『真理のことば』一〇三・一〇四）

前後二つの経文は、合わせて一つにまとまる内容なので、ここでは後の経文に沿いつつ話を進めてみます。最初に「自己に打ち克つ」を考えてみますが、仏教では人間を「色（身体）と受想行識（心）」という五つの要素で構成されたものとして、その実相を説き明かしていますから、ここでもその観法に基づいた考察から入ります。

人間が五つの構成要素の複合体であるなら、合縁の縁が尽きれば解体されて消滅するでしょう。なので色(身体)も受(感覚)も想(表象)も行(意志)も識(意識)も、すべて外見だけの有であって、実体は無いと説かれている通りのものだという認識に至ります。このような五つの構成要素のことを、仏教では「五蘊《ごうん》」と呼んでいますが、私たちは普段、この五蘊から成った身心を指して、自分とか自分のものと呼んでいます。そして今考察中の「自己に打ち克つ」ところの自己とは、この五蘊から成った身心のことだと読み取ります。

次に、この身心の実相について、もう少し観察を進めてみます。例えば『色は無常。無常なるものは苦。苦なるものは無我。無我なるものは、わが所有にあらず、わが我にあらず、またわが本体にもあらず。また同様に、受や想や行や識についても無常、苦、無我であると、正しい知恵を以て観るがよい』というような法に沿って考察します。そうすると、これまで自己だ自分のものだと思っていた身心が、自我でも自分のものでもないという認識に転換されてくることでしょう。そして、そうなれば、もう身心が発する様々な欲求に対しても、直接的に「我が欲求」として反応する心は消え、身心の欲求を一段高い清浄な境地から観察しつつ、「いま身体はこのような欲求を覚えているようだが、さてどのように対処したものか」と、善処を考える余裕も生まれるのではないでしょうか。なので、この道を守り続けていれば、やがて解脱も究竟して、経文にいう「常に行いを慎み、自己を整えている人」に至り得ることでしょう。

二

（経文一）『物事《ものごと》が興りまた消え失せることわりを見ないで百年生きるよりも、事物が興りまた消え失せることわりを見て一日生きることのほうがすぐれている』

（二）『不死《しなない》の境地を見ないで百年生きるよりも、不死の境地を見て一日生きることのほうがすぐれている』（『真理のことば』一一三・一一四）

一句目の経文では、物事は縁起し、また縁滅することによって、興ったり消え失せたりする無常なものだから、実体のない夢幻のようなものだということを悟っていなければ、物事が興ったり消えたりするたびにそれに執着した心は一喜一憂する。そのような生を百年続けるよりも、物事の興亡の姿は実体のない影絵のようなものだと悟って厭い離れ、解脱して一日生きることのほうがすぐれている、と説いているのですね。

続けて、この「物事」を自らの身心の上に見てみると、身心つまり五蘊《ごうん》(色と受想行識)によって生じる喜楽も悲苦も無常で虚ろなものだと分かります。無常で虚ろなものと悟ったなら厭い離れて解脱します。五蘊から解脱するということは、生から解脱することに等しいので、同時に老死からも解脱したことになります。老死から解脱したということは、不死の境地を見たことに繋がります。二句目の経文は、このことを讃えているのですね。

第六章「自己」から

(経文一)『もしもひとが自己を愛《いと》しいものと知るならば、自己をよく守れ。賢い人は、夜の三つの区分のうちの一つだけでも、つつしんで目覚めておれ』

(二)『自己こそ自分の主《あるじ》である。他人がどうして(自分の)主であろうか? 自己をよくととのえたならば、得難き主を得る』

(三)『みずから悪をなすならば、みずから汚れ、みずから悪をなさないならば、みずから浄《きよ》まる。浄いのも浄くないのも、各自のことがらである。人は他人を浄めることができない』（『真理のことば』一五七・一六〇・一六五）

最初に「夜の三つの区分のうちの一つだけでも、つつしんで目覚めておれ」についてですが、ちょっと馴染みのない表現なので訳注を見ると、古代インドでは夜を三つに区分していて、それと同様に人生も第一の時期「少年期」と、第二の時期「壮年期」と、第三の時期「老年期」という三つに区分けしていたので、経文の意味は「少年期か壮年期か老年期のどれか一つの時期で目覚めていなさい」という意味に取っています。しかしここでは「夜の区分」という言葉にこだわって、人は夜眠りに就くものなので、「眠りの前後どちらかの時間には」というような意味に取ってみたいと思います。そうすると毎日のように自己確認もできるではないですか、「今日は自己をよく守っただろうか」などと。

第二句の経文からは、たとえ誰かの指図で動く場合にも、その指図を受け入れた時点で、「誰かの指図」から「自ら意図した行動」に転化しているか否かを問うような場面も想起されるでしょう。このような場面に於いても、経文の「他人がどうして(自分の)主であろうか？」の真実性が見出されるからですね。所以は、他人が何をどのように命じてこようと、それを受け入れて行為に移すこととの間には、自己の自由という虚空の壁があるからです。なので自分の身心からにせよ他人からにせよ、自分に対して要求される一切の指図の実相の無常なさまを、しっかりと観察することによって「自己をよくととのえた」ならば、即ち「得難き主を得る」ということでしょう。

続く第三句では、誤った自己愛のことが述べられています。「みずから悪をなすならば、みずから汚れ」というのは、「悪い行いをすれば悪い報いがくる」という因果の法に照らし、「身体と言葉と意識によって悪を為すならば、自己自身を汚しているのだから、ほんとうに自己を愛しているとは言えない」ということになり、対して「身体と言葉と意識によって悪を為さないならば、自己自身が浄まって、真に自己を愛するものだと言える」と説いているのですね。

そして最後に、悪い行いをして悪い報いを受けて苦しむのも、善い行いをして善い報いを受けて喜ぶのも、ほんとうの自己が持っている自由に基づくものなので、他人がどうこうできる問題ではないのだ、と結んでいるのです。

第七章「世の中」から

(経文一)『世の中は泡沫《うたかた》のごとしと見よ。世の中はかげろうのごとしと見よ。世の中をこのように観ずる人は、死王も彼を見ることがない』

(二)『この世の中は暗黒である。ここではっきりと(ことわりを)見分ける人は少ない。網から脱れた鳥のように、天に至る人は少ない』

(三)『物惜しみする人々は天の神々の世界におもむかない。愚かな人々は分かちあうことを讃えない。しかし心ある人は分かちあうことを喜んで、そのゆえに来世には幸《しあわ》せとなる』(『真理のことば』一七〇・一七四・一七七)

経文の第一句では、世間を構成しているのも人間であれば、人身の儚さがそのまま世間の儚さになって現れるというような意味で、「世の中は泡沫のごとし」を受け取っても、また逆に、人生の拠り所を世間に求めたとしても、世の中は泡沫や陽炎のように無常で頼りないものだという意味に取っても、詰まるところは「人生は泡沫のごとし」と言っているのと変わらないとも思えるでしょう。なぜならこの句の後半の意味に繋ぐと、世の中は見掛けだけの仮の有であって、そこに実体は無いと見ることによる解脱者を想定した説法であり、その解脱者を讃える言葉として、「死王も彼を見ることがない」と説いているものと読み取るのが、自然な流れだからです。

経文第二句もまた前句同様に、世の中というものの無常を観察することを説いているのであり、無常ならば泡沫や陽炎のように、その存在が頼りなく、先が読めないことを指して暗黒と言っているのでしょう。勿論このような見解を持つということは、世間を解脱して生きる道に入るための前提になっているのだから、その結果が、「(世間という)網から逃れた鳥のように、天に至る人は少ない」という説法になって現れたと観ることもできます。しかし、ここで「天に至る人」という言葉が出てくるのは、真の生天法にそぐわないという問題もあるけれど、世間という地上の領域から脱出したという意味で「天に至った人」という言葉を仮に使ったのだと解するならば、それはそれでよいのかもしれないですね。

第三句には、前二句に出ていた「世の中」の語が使われていませんが、「物惜しみする人々」という語によって「世間」との繋がりは残されているということでしょうか。「物惜しみ」という言葉によって、「これは我がもの」という我欲が、世間との繋がりを強固なものにしているという意味です。そうであれば当然「物惜しみ」の心は、天の世界に赴く縁を遠ざけている状態ですね。天の世界というところは、世間に繋ぎ止める「物惜しみ」という執着心を超越したところに開かれる楽園だからです。なので、その道理を一言で説いたのが、「物惜しみする人々は、天の神々の世界におもむかない」ということだったのですね。

それに対し「心ある人は分かち合うことを喜ぶ」ので、我欲も消えて生じなくなり、世間全体の中に於いても「自分が居座るべき領域」さえも見出さなくなるので、自ずから昇天の縁も整うということから、「来世には天の神々の世界におもむいて、幸せとなる」という道理を教示しているのです。

第八章 「ブッダ」から

一

（経文一）『ブッダの勝利は敗れることがない。この世においては何人《なんぴと》も、かれの勝利には達し得ない。ブッダの境地はひろくて涯《はて》しがない。足跡をもたないかれを、いかなる道によって誘《いざな》い得るであろうか？』

（二）『正しいさとりを開き、念《おも》いに耽り、瞑想に専中している心ある人々は世間から離れた静けさを楽しむ。神々でさえもかれらを羨む』（『真理のことば』一七九・一八一）

この経文からは、仏の境地がどういうものかということを読み取って、私たちの修行の目標として意識できる旗印のようなものが掴めるとよいでしょう。

経文第一句からは、「ブッダの境地は広くて果てしがない」や、「足跡をもたない」という表現から、「無限大に広がる虚空のような境地」を読み取るとよいでしょう。迷いの雲の一片も見当たらない清らかな心境です。なのでどこにも捉えどころがなく、したがってこの虚空は戦う相手にさえできないということから、「敗れることがない」と言っているとも取れますが、もう一つの意味として、「世の中には悟りの修行を妨げるような誘惑事が頻発することによって、次々と迷いの雲を縁生させるものだが、正しいさとりを開く仏性の力は、それらの誘惑事にも、決して敗れることがない」というように取ってもよさそうですね。

続いて第二の句を見ると、前句で確認した悟りの境地を自ら楽しむために、雑念が飛び交う世間から離れたところに安座して、瞑想に専念している姿が目に浮かびます。こうして悟りの安楽感を身に体得させましょう、とでも説いているのでしょうか。そして「神々でさえもかれらを羨む」と続きますが、この神々には、人間界を厭うて生天した天人などをも含むので、彼らには悟りの修行も充分にはできていません。なので「正しいさとりを開いて、閑静な場所で瞑想を楽しんでいる仏覚者たちを羨む」という状況関係が説かれているのでしょう。

二

（経文一）『すべて悪しきことをなさず、善いことを行い、自己の心を浄めること、――これが諸仏の教えである』

（二）『忍耐・堪忍は最上の苦行である。ニルヴァーナは最高のものであると、もろもろのブッダは説きたまう。他人を害する人は出家者ではない。他人を悩ます人は（道の人）ではない』

（三）『罵らず、害わず、戒律に関しておのれを守り、食事に関して（適当な）量を知り、淋しいところにひとり臥し、坐し、心に関することにつとめはげむ。――これがもろもろのブッダの教えである』（『真理のことば』一八三・一八四・一八五）

ここに提示した三句は、共に「諸仏の教え」という関連でまとめられたものです。経文第一句は、「悪いことは一切行わず、善いことは行う。そのようにして自分の行いを浄めなさい。それが諸々の仏の共通の教えだから」ということですが、これは「七仏通戒偈」として伝えられている漢訳文「諸悪莫作、衆善奉行、自浄其意、是諸仏教」と、元を辿れば同じ経文ですね。では、この経文の教導的意味を調べる目的をもって、原始仏法の立場から解釈してみましょう。すると「悪いことをしていると、来世には地獄や餓鬼や畜生などという悪い境涯に生まれて苦しむことになるから、一切の悪行は慎みなさい。しかし善いことをしていると、来世には天に生まれて楽ができるのだから、自ら進んで善行に励みなさい。そうすれば自ずから心も浄められます」と読み取って、仏道修行の励みにすることもできますね。天上界は清らかな所だから、汚れた心身を携えたままでは、入ることもできませんから。

経文二は「忍耐・堪忍は最上の苦行である」で始まります。忍耐や堪忍が苦行だということは、苦しみがあるから忍耐や堪忍が必要だという意味でしょう。仏教では「四苦八苦」を説きます。生苦、老苦、病苦、死苦の四苦に、愛別離苦、怨憎会苦、求不得苦、五蘊盛苦を合わせた八苦です。此の世で生活していれば、これらの苦に出会うのも必然の成り行きだから、忍耐や堪忍を必要とする機会だって数知れずでしょう。なので小苦まで一々気にしてはいられませんが、大苦に遭遇した場合は、解脱して涅槃に入れるとよいですね。経文にも「ニルヴァーナは最高のものである」と説いていますから。

たとえば「求不得苦」の場合、「(何かを)求めているのに得られないから苦しむ」ということは、「何かが欲しかった」から「求めた」のですから、「何か」に対する「渇愛」を断てば、求める心も止みます。ということで、この場合は「欲しいものを断念する」という、そのことが忍耐や堪忍を要する苦行に当たるということですね。そして、このように渇愛を断てば、心情に煩悩の陰りも消えて、ニルヴァーナの安らぎを覚えることもできるでしょう。

また、「怨憎会苦」の場合なら、「怨み憎しむ者に会うから苦しむ」ということから、自分の自由になる解消法として「誰かを怨んだり憎んだりしない」と決め、その実践に努めることですね。そして相手から誹謗中傷されたり喧嘩を売られたりしても、堪忍をつらぬき、決して応戦などはしないこと。こうして平和の実現を待つのですが、この時点ですでに「相手に対しては何一つ望むものも無い」というニルヴァーナの心境だとよいですね。経文にも「他人を悩ます人は道の人ではない」とありますから。

続いて経文三を見ると、「罵らず、害わず、戒律に関しておのれを守り」で始まっていて、この句も第二句同様、第一句を具体的に説き換えたような内容になっています。即ち、この句の冒頭の「罵らず、害わず」は、第一句の「すべて悪しきことをなさず」に重なり、「食事に関して(適当な)量を知り」と「淋しいところにひとり臥し、坐し、心に関することに努め励む」は、第一句の「善いことを行い、自己の心を浄めること」に重なります。つまり「戒律に関しておのれを守る」ならば、自ずから「道の人」に成れますよ、というのが諸仏の教えだという説法として読み取れますね。

したがって、この第三句の内容をまとめると、「たとえ侮辱を受けても耐え忍び、他を罵り返さず、害わず、貪欲と瞋恚と愚痴という三つの根本的な煩悩を断って、行いと言葉と心の清浄を守る修行に努め励みなさい。――これが諸仏の教えです」というようなものになるでしょう。このように「戒律に関しておのれを守る」ということは、身口意の清浄を守ることに繋がり、身口意が清浄になれば、苦が生じる原因も断たれるということです。なので、わたしたち成仏を目指す者としては、このような実践を通して、苦が生じる原因を断ち切り、生滅の境界を超えて、ニルヴァーナに達すべく努め励みたいものですね。

第九章「楽しみ」から

一

（経文一）『貪《むさぼ》っている人々のあいだにあって、患《わずら》い無く、大いに楽しく生きよう。貪《むさぼ》っている人々のあいだにあって、貪らないで暮らそう』

（二）『われらは一物をも所有していない。大いに楽しく生きて行こう。光り輝く神々のように、喜びを食《は》む者となろう』（『真理のことば』一九九・二〇〇）

第一句では「貪りは患い」として、貪りの心を断った生き方を勧めています。世の中には楽しいことや嬉しいことが沢山ありますから、それを貪りたい心も生じます。しかしそれらの楽しさや嬉しさも長続きはせず、やがて苦をもたらすものに変わることを思えば、寧ろそのような患いのもとになる貪りの心を断つことによって、患いのない安楽な生き方をしましょうよ、という説法ですね。天の神々の清々しい生き方を思わせる説法です。

第二句は「われらは一物をも所有していない」という書き出しになっていますが、これを第一句を受けた言葉として読むと、すんなり理解できるでしょう。つまり貪りを断ち尽くしたとすれば、心の中は無一物になるという読みです。そして「大いに楽しく生きて行こう」と続きます。楽しいことを貪らないのに「楽しく生きて行こう」とはどういうことかといえば、此の世で得られる楽しさには、苦しさがセットになって付いてくるという因果の流れがあるので、その因果の流れを断ち切ることによって「大いに楽しく生きて行こう」という境地に達しているのです。つまり「大いに」という語が付加されていることによって、「苦に変貌しない楽しさ」を想起することもできるので、これを単に世俗的な一つの楽しさを得るに等しい意味次元を超えて、苦しみの世を超えた安楽な境地でもあるニルヴァーナの境地に等しいものとして読み取ることもできるからです。そのような認識を以て句の後半「光り輝く神々のように、喜びを食す者になろう」を読むと、解脱者の清らかな心境が手に取るように伝わってくるのではないでしょうか。

二

（経文二）『愛欲にひとしい火は存在しない。ばくちに負けるとしても、憎悪にひとしい不運は存在しない。このかりそめの身にひとしい苦しみは存在しない。安らぎにまさる楽しみは存在しない』

（二）『孤独《ひとりい》の味、心の安らいの味をあじわったならば、恐れも無く、罪科《つみとが》も無くなる。――真理の味をあじわいながら』（『真理のことば』二〇一・二〇五）

第一句の『愛欲にひとしい火は存在しない』という言葉から、人々が愛欲の情念に平常心を奪われて行動を起こす光景を思い描いてみます。すると、その愛欲の炎が自分自身の平常心を焼き焦がしている姿まで、リアルに思い浮かぶのではないでしょうか。このように、自分自身の心情についても、俯瞰的《ふかんてき》に眺める余裕ができてくれば、いよいよニルヴァーナへの道も整ってくるということになろうかと思います。というのも、この時の心は、自分自身を客体視できる意識体として、分裂しているようにも思われるだろうからです。

そこで経文の続きを見ると、「ばくちに負ける」のは、自分が勝負に賭けたために招いた一時の不運として、諦めれば尾を引かない問題だとしても、「憎悪の怨念」に取り憑かれてしまえば、寝ても覚めても我が心情を苦しめてやまないという、「不運な情景」が思い浮かぶことでしょう。なぜでしょうか。「ばくちの勝敗」は自作でも他作でもなく、その場に生じた縁起に過ぎないからでしょうか。そして「憎悪の怨念」は、その場に生じた縁起ではなく、何らかの縁起した結果に対し、我執我欲が瞋恚の炎に掻き立てられて自作した情念とでもいえるものだからでしょうか。もしそうであれば、その憎悪の怨念は自作自演ということになるので、自分の意志で打ち消さない限り、現れては己を苦しめるという悪循環を繰り返しそうですね。

更に続く「このかりそめの身にひとしい苦しみは存在しない」からは、人間の身体について、ありのままに眺めれば、四苦八苦は避けられない無常な存在だという意味が読み取れますね。そこで、これらの苦しみが生じる縁起世界を解脱して、ニルヴァーナの境地に達することを勧める言葉として、「安らぎにまさる楽しみは存在しない」という結びの言葉が説かれているのだということも分かってきます。

続いて第二句もまた俯瞰者《ふかんしゃ》意識の境地から読み進めてみると、「孤独の味」というのが「解脱の安らぎの味わい」のことだと分かりますね。これは、さまざまな苦というものは、心が無常な外縁を取り込んで起こるものであるのに対し、何の外縁も取り込まない境地へと解脱した心境を「孤独」という言葉で伝えようとしたものです。なので「こころの安らいの味をあじわったならば」と、「孤独の味」の意味を補充しているのですが、「恐れも無く、罪科も無くなる」は、解脱して無為の境地に至れば、後々苦が生じる因も無く、生苦の因も作らないのだから、当然罪過も無いという理を述べて、その「安らいの味」が不滅のものだという認識を促すように、「真理の味をあじわいながら』という結びの言葉が説かれているのだと読み取れます。なので、この二つの経文の読みに心を重ねつつ、自心の上に解脱の実践を確認してみることもできそうですね。

第十章「愛するもの」から

一

（経文）『道に違《たご》うたことになじみ、道に順《したが》ったことにいそしまず、目的を捨てて快いことだけを取る人は、みずからの道に沿って進む者を羨むに至るであろう』（『真理のことば』二〇九）

この経文は「仏法に違うことばかりやっていて、目先の快さだけを追い求めていると、何れは仏法に沿った道を歩む者を羨むことになるだろう」と読み換えるとよいでしょう。

「みずからの道」という箇所に「仏法に沿った道」を置き換えたのは、仏法に沿って歩めば解脱に達し、解脱すれば本当の自分が開示されるというところまで読み取っての置き換えです。

そうすると、ここで、わたしたちが取るべき態度は、「仏法に適った道をしっかりと意識した歩み」ということに絞られてくるかと思います。

例えば四聖諦では、苦が生じる原因の愛執を滅し尽くしたところに、安らかな悟りの境地が開かれるという理法が説かれています。なので、これを実践していれば、仏の境地に達することができると信じて励むという道が見えてきます。勿論愛執を滅し尽くすということは簡単なことではありません。しかし悟りを開いて「ほんとうの自分」を証悟するためと思えば、やる気も湧いてくるでしょう。

二

（経文一）『快楽から憂いが生じ、快楽から恐れが生じる。快楽を離れたならば憂いが存在しない。どうして恐れることがあろうか？』

（二）『徳行と見識とをそなえ、法《のり》にしたがって生き、真実を語り、自分のなすべきことを行う人は、人々から愛される』（『真理のことば』二一四・二一七）

快楽の対象が無常なものなら、それを愛執している自分の心も、その対象に条件付けられた無常の心相であって、本当の自分の心ではありません。だからその快楽もまた、夢幻のように容易く壊れるものとして現れているのですから、そこに、失うことへの恐れが生じることを説いているのですね。しかし快楽をもたらす渇愛関係を滅し尽くすならば、憂いが生じる原因を断ったことになるので、無畏の安らぎが手に入るという諭しでもあります。

また続いて提示されている「徳行と見識とを云々」という経文は、第一句の「快楽を離れたならば憂いが存在しない」という箇所を、実例として説き示したものと理解すればよいでしょう。つまり仏法の真理をわきまえ、法の如くに生き、法をありのままに語って実行するならば云々、という読み取りです。

三

(経文一)『ことばで説き得ないもの(＝ニルヴァーナ)に達しようとする志を起こし、意《おもい》はみたされ、諸の愛欲に心の礙《さまた》げられることのない人は、流れを上《のぼ》る者とよばれる』

(二)『久しく旅に出ていた人が、遠方から無事に帰ってきたならば、親戚、友人、親友たちは彼が帰ってきたのを祝う』

(三)『そのように善いことをして、この世からあの世に行った人を、善業が迎え受ける。――親族が愛する人が帰ってきたのを迎え受けるように』(『真理のことば』二一八・二一九・二二〇)

ここには三句の経文を提示しましたが、一句目の「ことばで説き得ないもの」の語には、カッコ付きで「ニルヴァーナ」の文字が補足されています。「涅槃」という音写文字でも知られていますが、「寂滅」とか「滅度」という訳語もよく見掛けますね。文字から何となく意味が分かるような訳語から、ことばで説き得るのではないかという気もしませんか。しかしこのような仏語(聖語)は、意味の面から読み取ろうとすると矛盾にぶつかるので、その理を指して「ことばで説き得ないもの」という言葉を付記しつつ、不用意に単純な意味に取ることへの注意を促しているのでしょう。

そうすると第一句目の経文は「涅槃に至ろうという思いは充たされて、諸々の愛欲から解脱した人は、苦を生起させる原因の集積を遡って滅ぼす者（＝流れを上る者）と言われる」というように読んで、自身に於ける修行状況との差異なども確認してみるのもよいでしょう。

続く第二句目は、「例えばこのように」というような譬喩話を通して第三句に繋いでいる句と見ると、第三句の読みが、より分かり易いものになるかと思われます。その第三句は、文字通りに読むと、「戒律を守って此の世の拘束を解き逃れた人を、天国が迎え入れる」と読めるけれど、経文の第一句が「ニルヴァーナを志す」で始まっているのに合わせれば、第三句の「善いことをして」は、「諸々の愛執を断って」の意味に読み換えてもよいと思われます。勿論読み換えるということは、そのように修行すればという意味になるので、修行の結果としての「善業が迎え受ける」の箇所は、ニルヴァーナに達したときの状況が語られるのだから、例えば「諸仏や諸菩薩等が迎え入れる」というような読み取りでよいと思われます。つまり「迷いの此の世を解脱して、本来の在所でもある彼岸に帰り着いてみると、過去世からの親族でもある諸仏や諸菩薩が祝って迎え受ける」と。

第十一章「怒り」から

一

（経文）『怒りを捨てよ。慢心を除き去れ。いかなる束縛をも超越せよ。名称と形態とにこだわらず、無一物となった者は、苦悩に追われることがない』（『真理のことば』二二一）

怒りが外に現れるとき、慢心が内に生じているとすれば、怒りと慢心は相伴った煩悩として認識されます。この経文はそれを示唆しているのかも知れませんが、もしそうだとすれば、外に現れた怒りだけを制したとしても、一時的な対応の域を出ず、その因位としての内心に隠れた慢心をも除き去らなくては、怒りという煩悩を断つことは難しいとも思われるので、説法ではそのための「怒りを捨てよ。慢心を除き去れ」かも知れません。

ところで、ここに言う「慢心」の意味は何でしょうか。慢心け自他分別の意識の上に生じるものですよね。ということは、「人間には自我というものは無い」と自覚している者には、慢心が生じることもないわけです。すると「慢心が生じない者には、怒りも生じない」ということです。なぜなら、怒りもまた自他分別の意識の上に生じるものではないですか。怒っている者と怒られている者という二者が存在しないところに、どうして怒りが生じるでしょうか。なので「色と受想行識は無常で苦で無我である」と悟って解脱する道を示唆する言葉として、経文では「いかなる束縛をも超越せよ。名称と形態とにこだわらず、無一物となった者は、苦悩に追われることがない」と説いているのです。

二

（経文一）『怒らないことによって怒りにうち勝て。善いことによって悪いことにうち勝て。わかち合うことによって物惜しみにうち勝て。真実によって虚言の人にうち勝て』

（二）『真実を語れ。怒るな。請われたならば、乏しいなかから与えよ。これらの三つの事によって、死後には天の神々のもとに至り得るであろう』

（三）『生きものを殺すことなく、つねに身を慎んでいる聖者は、不死の境地《くに》におもむく。

そこに至れば、憂えることがない』（『真理のことば』二二三・二二四・二二五）

この三句の経文には、「苦しみを滅する道の法」に沿った示唆が説かれています。経文の第一句は「怒らないことによって怒りにうち勝て」と説かれています。怒りは縁生しているのですから、その時々の縁生状況を冷静にかえりみることができればよいのですが、たいていは何かの欲と欲が衝突して生じているのですから、お互い怒りによって相手を潰そうとするなら、この怒りは治まりがたく、後々までしこりを残しそうです。それを嫌うが故に経説では、「まず自分から引きなさい」という立場を示しているのでしょう。なので「善いことによって悪いことにうち勝て。分かち合うことによって物惜しみにうち勝て」と、自他の対立を解消して、平等で平和な解決に至る道を説いているのでしょう。

経文第二句もまた第一句の説法を引き継ぐように、「真実を語れ。怒るな。請われたならば、乏しいなかから与えよ」と説かれています。しかし、この句の最後が、「死後には天の神々のもとに至り得るであろう」となっているので、これに見合った文意を読み取ってみます。

ということで、仏法に即した「真実を語る」ことにも気を配りながら、全文を再確認すると、「苦を滅する行の一つとしての、無所得に甘んずる行を修めることに縁して無明を断ち、自も他も無しと悟って、怒りが生じる原因を断ち、物惜しみという貪欲から解脱するために、請われたら与えるという実践をしていれば、やがて死を迎えるときには、諸々の苦が生じることもない清らかな楽園、天の国に生まれることができる」と読み取って、自分の修行の励みにすることもできるでしょう。

経文第三句の前半は、「生きものを殺すことなく、つねに身を慎んでいる聖者は、不死の境地におもむく」と説かれています。不殺生戒は「苦しみを消滅させる八つの正しい道」の中の「生業」という項目でも説かれてはいますが、それがどうして「不死の境地」と関わってくるのでしょうか。

たとえば、どんな生きものでも、自分たちを喰い殺そうとしてどこまでも執拗に付いてくる猛獣に出会ったなら、その猛獣を殺さない限り安らかな生活はできません。そうなると殺意には殺意をもって対抗するという縁起の法界が現れてきて、死の不安は双方に広がります。そういう因果の道理に拘束された生活を嫌うとき、殺生を離れる正業という道が見えてきます。勿論不殺生戒を理解できるのは人間の場合だけであり、どんな生きものにでも適用できる法ではありません。そこで話を人間の場合に移し替えつつ、不殺生戒というものの実相を考察してみます。

殺生が成り立つためには、殺す者と殺される者という二者を要します。しかも人間なら誰でも、望まずしてこの二者の何れかの立場に置かれる可能性があるということです。この不条理を嫌うが故に、人は不殺生戒を受け入れ、実践を心掛けるのでしょう。では、それを実践すると、心にどういう変化が起こるのかということですね。


経文には「生きものを殺すことなく、つねに身を慎んでいる聖者は」と説かれています。では、自分がこの不殺生戒を守ると、何がどう変わるというのでしょうか。例話のように「わたしを喰い殺そうとする猛獣に出会った」場合、猛獣に向かって「わたしは君を殺さないよ」と語り掛けると、猛獣も殺意を失って去って行くのでしょうか。いえいえ、そんなことは考えられませんね。そして起こることは起こるでしょう。猛獣の腹の中に収まった「わたし」の、どこが「不死の境地に赴いている」のでしょうか。これは相手が猛獣ではなく、人間の場合でも言えることで、やはり起こることは起こったとしましょう。相手の刃に掛かって倒れた「わたし」の、どこが「不死の境地に赴いている」のでしょうか。

それは、実に不殺生戒を守る決意を固めたなら、その時点ですでに「不死の境地に赴いていることになるのだ」という意味を、この経文が示していることに気付くことによって、解決するでしょう。例話では「喰い殺そうとして付いてくる猛獣を殺さない限り、安らかな生活はできない」ということでしたが、その猛獣を殺そうとしないのなら、安らかな生活も望めないとは思われないでしょうか。なので、不殺生戒を守る決意を固めるためには、安らかな生活への望みも捨てなくてはならないのですね。こうして「生存への愛執を捨てて解脱する道」が、自ずと見えてくるわけです。そうすると、この不殺生戒というものは、十二縁起での老病死苦を直前で断つ法とも重なることが分かってきます。老病死苦の直前というのは『生』ですね。なので『生』への愛着を断つことによって、老病死という未来果も断たれるので、このことを指して、経文には「生きものを殺すことなく、つねに身を慎んでいる聖者は、（生死の此の世を解脱して）不死の境地におもむく」と説いているのだということも分かるでしょう。まずは解脱して、生死の此の世よりも更に大いなる世界「不死の境地」を体得しましょう。

第十二章「汚れ」から

一

（経文一）『汝はいまや枯葉のようなものである。閻魔《えんま》王の従卒もまた汝に近づいた。汝はいま死出の門路に立っている。しかし汝には旅の資糧《かて》さえも存在しない』
（二）『だから、自己のよりどころをつくれ。すみやかに努めよ。賢明であれ。汚《けが》れをはらい、罪過《つみとが》がなければ、天の尊い処に至るであろう』
（三）『汝の生涯は終わりに近づいた。汝は、閻魔《えんま》王の近くにおもむいた。汝には、みちすがら休らう宿もなく、旅の資糧《かて》も存在しない』
（四）『だから、自己のよりどころをつくれ。すみやかに努めよ。賢明であれ。汚《けが》れをはらい、罪過《つみとが》がなければ、汝はもはや生と老いとに近づかないであろう』（『真理のことば』二三五・二三六・二三七・二三八）

この四句の経文のうち、第二句と第三句は、どの漢訳にも見当たらないので、後世の挿入ではないかとの意見があります。しかし第二句は第一句の閻魔王との関係から見ても、自然な句だと思われるので、参考のために提示しました。そうして第一句と第四句の間に第二句が挿入されてみると、もう一度第一句が第三句として再度提示されなくては、第四句との繋がりが断たれるということで、第一句の表現を少し変えた第三句も新たに創作して挿入されたものと考えられます。

経文の内容は、「人生の旅路の終わりに近づいているのに、死出の旅路に対処できる心構えができていなければ、気も動転して心安らかではあるまい」という問題の指摘から始まっています。

第二句は第一句の問題提起に対する応答のようなものですが、「自己のよりどころをつくれ」を、閻魔王の取り調べに対応できる善い生きざまを実践することに取り、「悪行という汚れを払い落として、罪過を滅していれば」という条件を満たすことによって閻魔王の裁きを免れ、「地獄ならぬ天国の尊い処に生まれ出ることができるよ」と説いているのでしょう。この読みの場合の「罪過」は、凡そ現世に於ける戒律的罪過の意味になります。

第三句は、第一句の再録のようなものですが、それに続く応答文としての第四句も、言葉の上では模倣された第二句とほぼ一致しています。しかし結論が異なるので、全体の意味も少し変わってきます。ここでの「自己のよりどころをつくれ」は、閻魔王の裁きに対しては、善悪の業果を招かない仏心を自己のよりどころとして対応できるので、裁きの場も有って無いようなものになります。なので、そのように賢明であれば、「汚れは払われ、罪過も消滅して、もはや生と老いとに近づかないであろう」と説かれるに値するものとなるのです。なぜなら、仏心とは無明が無くなったところに開かれるものだからです。なのでこの読みの場合の「汚れ」は仏道に於ける修行上の汚れであって、十二因縁の法で示せば、無明に始まって生老病死に至る道が断たれていないことによって生じる汚れのことになり、また「罪過」は、法に無知なために汚れを作り続けたことを意味するのです。

二

(経文一)『読誦しなければ聖典が汚《けが》れ、修理しなければ家屋《いえ》が汚れ、身なりを怠るならば容色が汚れ、なおざりになるならば、つとめ慎む人が汚れる』
(二)『この汚《けが》れよりもさらに甚だしい汚れがある。無明《むみょう》こそ最大の汚れである。修行僧らよ。この汚れを捨てて、汚れ無き者となれ』(『真理のことば』二四一・二四三)

最初に「読誦しなければ聖典が汚れ」とある意味について、原典の注釈では、「聖典とはヴェーダ聖典の本文のこと」とあり、「当時の聖典は書物の形ではなく、暗誦によって伝えられていた」ということなので、読誦を怠っていると、記憶が曖昧になったり、忘れた箇所が違った言葉にすり替わっていたりすることもあって、聖典が聖典としての機能を果たさなくなることを指しての「汚れ」という指摘だと分かります。続く「修理しなければ家屋が汚れ」以下については、第二句を際立たせて繋ぐための補助的導入部と読み取ってよいのではないかと思います。

第二句では、仏道修行にとって最も重要な「無明」の問題が提起されています。無明が有るために諸々の煩悩も生じて、生老病死の苦しみなどに纏わり付かれるからですね。なので経文では「この汚れを捨てて、汚れ無き者となれ」と説いているのです。無明を断つ道は、縁起の法門に精通することによって見えてきます。

三

（経文）『虚空には足跡が無く、外面的なことを気にかけるならば、道の人ではない。造り出された現象が常住であることは有り得ない。真理をさとった人々（ブッダ）は、動揺することがない』（『真理のことば』二五五）

この経文は、無明を断った人、つまり仏陀の心の内を比喩的に説き示そうとして綴られたものでしょう。そのような気付きを以て、経文が伝える仏陀の心の姿を読み取ろうとするなら、凡そ次のようなものになるのではないでしょうか。つまり「その心の内は、塵一つ無い清らかな虚空のようで、何かを行った後のような残像も無く、何か人目に立つようなことをしようという意識の動きさえ見当たらない。そのような造られた行いは、その都度消滅するものだから、無明を断った心にとっては無に等しいものだからです。このように常楽我浄の真理と一体になった仏陀の不動心の内には、動揺を誘うような想念の一片さえ住みついてはいないのです」と。このように読み換えることによって、自身の修行道にぐっと役立つ智慧も得られることでしょう。

第十三章「道」から

一

〈経文〉『もろもろの道のうちでは〈八つの部分よりなる正しい道〉が最もすぐれている。もろもろの真理のうちでは〈四つの句〉（＝四諦《たい》）が最もすぐれている。もろもろの徳のうちでは〈情欲を離れること〉が最もすぐれている。人々のうちでは〈眼《まなこ》ある人〉（＝ブッダ）が最もすぐれている』（『真理のことば』二七三）

ここに示されている法は能く解脱に導くものですが、四番目の「人々のうちでは〈眼ある人（＝仏陀）〉が最もすぐれている」だけは、その前に説かれている三つの法を保証する意味にも取れます。

最初に説かれている「八つの部分よりなる正しい道」つまり「八正道」の内容は、（1）「正見」正しい見解。（2）「正思」正しい思い。（3）「正語」正しい言葉。（4）「正業」正しい行い。（5）「正命」正しい生活。（6）「正精進」正しい努力。（7）「正念」正しい注意。（8）「正定」正しい精神統一。という八項目で、冒頭の「正見」は、次に説かれている「四諦」を知ることです。

二番目に説かれている「四諦」の内容は、（1）「苦諦」迷いの此の世のすべてが苦ということ。（2）「苦集諦」苦の因は愛執ということ。（3）「苦滅諦」愛執が絶滅した処が無苦の理想郷ということ。（4）「苦滅道諦」苦滅の境地に至る道が八正道だということ。という四項目です。

そして三番目の修行が「情欲を離れること」ですが、これは四諦の三番目の苦滅諦を成就する道に関わるものなので、その関連から、この修行法が苦滅道諦であり八正道でもあるということも分かります。

二

（経文一）『これこそ道である。（真理を）見るはたらきを清めるためには、この他《ほか》に道は無い。汝らはこの道を実践せよ。これこそ悪魔を迷わせて打ちひしぐものである』

（二）『汝らがこの道を行くならば、苦しみをなくすことができるであろう。（棘《とげ》が肉に刺さったので）矢を抜いて癒《いや》す方法を知って、わたくしは汝らにこの道を説いたのだ』
（三）『汝らは（みずから）つとめよ。もろもろの如来（＝修行完成した人）は、ただ教えを説くだけである。心をおさめて、この道を歩む者どもは、悪魔の束縛から脱れるであろう』
（『真理のことば』二七四・二七五・二七六）

この三句の経文は、前出の経文で説かれている八正道と四諦の実践をすれば、このような功徳が有るよと説いているのですから、私たち法を求める側としても、実生活に於いて厄介な迷いが現れた場合や、苦悩が現れた場合などの対処法として、このさい「解きがたい迷いをもたらす悪魔（煩悩の魔）の拘束から解脱する道」や、「日々増長するような苦しみの棘を抜き取る道」などの予習をしておくのもよいでしょう。
勿論その予習の実践方法も、自らの創意工夫に基づいて具体的に発展させたものでなくてはならないでしょう。経文にも「汝らは自ら努めよ。もろもろの如来（＝修行完成者）は、ただ教えを説くだけである」と説かれているのですから。

三

（経文一）『「一切の形成されたものは無常である」（諸行無常）と明らかな智慧をもって観《み》るときに、ひとは苦しみから遠ざかり離れる。これこそ人が清らかになる道である』

（二）『「一切の形成されたものは苦しみである」（一切皆苦）と明らかな智慧をもって観《み》るときに、ひとは苦しみから遠ざかり離れる。これこそ人が清らかになる道である』

（三）『「一切の事物は我《われ》ならざるものである」（諸法非我）と明らかな智慧をもって観《み》るときに、ひとは苦しみから遠ざかり離れる。これこそ人が清らかになる道である』（『真理のことば』二七七・二七八・二七九）

ここに提示された三つの法門はすべて、此の世の苦しみから解脱する道だと説かれています。

最初の経文は「諸行無常」を説いたもの。つまり「一切の形成されたものは無常である」という観察は正しいと確信できたなら、一切の形成されたものへの愛着もまた空しいことと知って、諸行への愛着を断つので、生に因して生じる老病死などの苦しみから遠離《えんり》することができる、という内容を含んだ説法です。なので、この法を実践する人は、自ずと苦しみから遠ざかり離れて、身語意（身体と言葉と心）の行が清らかになる道に入ったことになります。法の実践がこのような流れに入るなら、これは八正道の正見が実践されていることになりますね。

経文の第二句は「一切皆苦」つまり「一切の形成されたものは苦しみである」という法門を説いたもの。これは第一句の「形成されたものは無常」に加えて「無常なら苦」が付加されたような法門です。「形成されたものは無常にして苦である」と知れば、愛着を断つ心にも拍車が掛かりますね。なのでこの法を実践するなら、第一句の実践と同じように、苦しみから遠ざかり離れて、身語意の行が清らかになる道に入ることになります。

そして続く第三句は「諸法非我」（一般には諸法無我という別訳によって知られている法門）つまり「一切の事物は我ならざるものである」という法門を説いたもの。これは第一句と第二句で繋がった「一切の事物は無常」と「無常なら苦」に加えて「苦なら非我」が加わったような法門ですが、実践によって得られる果報は、前二句の法門と同じで、苦しみから遠ざかり離れることができると共に、身語意の行が清らかになる道に入ったことだと説かれています。

このように同じ入仏界という果報に至る道を三つの法門に分けて説いているのは、修行者の素質に合わせてのことと取ることもできるでしょう。人生の永続を望んでいる人や、安楽で幸せな人生を望んでいる人や、我心の強い人が、みんな平等に悟りの仏界に達して、それぞれの望みが満たされるように、というようにです。少なくとも現実世界ではそういうことが起こるのですから。

四

（経文）『ことばを慎《つつ》しみ、心を落ち着けて慎しみ、身に悪を為してはいけない。これらの三つの行いの路を浄くたもつならば、仙人（＝仏）の説きたもうた道を克《か》ち得るであろう』（『真理のことば』二八一）

ここで説かれているのは、「言葉と心と身体の行いを浄く保つことによって、解脱への道を歩め」ということですが、この身語心の慎み方については、各種煩悩の強弱も人それぞれですから、自分の場合に八正道の正語、正思、正業などを整えるには何を重点的に行えばよいかということに気付けるとよさそうですね。尤も、要は迷いの此の世に縛り付けている愛執を取り除くことができればよいのですから、日々自分が考えていることや行動を願望したり意義付けている事柄などについて再吟味し、苦をもたらす迷いの此の世に縛り付けている盲目的な愛執が潜んでいることに気付いたなら、一旦それを断った上で、再度進路を選択すればよいかと思います。

五

（経文）『実に心が統一されたならば、豊かな智慧が生じる。心が統一されないならば、豊かな智慧がほろびる。生ずることとほろびることとの二種の道を知って、豊かな智慧が生ずるように自己をととのえよ』（『真理のことば』二八二）

まず冒頭の「心を統一すれば、智慧が生じる」の意味を、「心を統一して雑念が消えれば、物事を如実に捉えることと、それに対する適切な対応に関する智慧が生じる」と読み取って、話を進めることができます。また、この章の経題は「道」だし、最初の経文で、すでに「道では〈八正道〉が最もすぐれている」と示されているので、ここでも八正道に沿って、経文の意味を補足しながら解説してみましょうか。

経文が言う「二種の道」というのは「心が統一されたならば、豊かな智慧が生じる」と、

「心が統一されないならば、豊かな智慧が滅びる」の二種ですが、後の言い分からすると、心統一というものは、一度やって智慧が生じれば、それでよいというものではなく、怠っていると得た智慧も滅びるという意味にも取れます。感覚としては「心の統一ができなければ、豊かな智慧は生じない」と読み取りたいところです。それでは次に、心統一した場合のことを、雑阿含経から選んだ経文で補足しながら、解脱に役立つような文意にふくらませてみましょう。

冒頭は「ほんとうに心の統一ができたなら、その心の内は静まっていて、如実に観察することができるのだ」と。ここでの観察対象は五蘊(色と受想行識)で、五蘊の各々について「生じる法」と「滅する法」を観察するのです。

これに対して、「心統一ができていなければ、苦楽を感受しても、それを如実に観察できないので、感受した対象に執着して「取」を生じ、取に縁して「有」を生じ、有に縁して「生」を生じ、生に縁して「老病死の悲苦を生ず」と。これが経文に言う「豊かな智慧が滅びる」状態でしょう。

対する「ほんとうに心の統一ができていれば、五蘊は無常だから、五蘊による喜楽も無常であり、苦であり、無我であるという観察も如実にできていて、ために歓喜せず。喜が滅すれば取が滅し。取が滅すれば有が滅し。有が滅すれば生が滅し。生が滅すれば老病死滅して悲苦も消滅する」と。これが経文に言うところの「豊かな智慧が生じる」状態だと読み取っています。

第十四章「愛執」から

一

(経文一)『ほしいままの振る舞いをする人には、愛執が蔓草のようにはびこる。林のなかで猿が木の実を探し求めるように、(この世からかの世へと)あちこちにさまよう』(二)『この世において如何《いかん》ともし難いこのうずく愛欲を断ったならば、憂いはその人から消え失せる。——水の滴《しずく》が蓮華から落ちるように』(『真理のことば』三三四・三三六)

この経文の第一句は、縁起の法の順観に当たる行為を説いたもので、四諦で言えば「苦集諦」に当たります。十二縁起は「無明によりて行があり、行によりて識があり、識によりて名色があり、名色によりて六処があり、六処によりて触があり、触によりて受があり、受によりて愛があり、愛によりて取があり、取によりて有があり、有によりて生があり、生によりて老死があり、愁・悲・苦・憂・悩がある」というものですが、この縁起の流れに沿って、次々と順番に法が集積されていく場合を、ここでは「順観」と言っています。これは「集諦」に相応した認識とも言えます。また第二句は同じく縁起の法の逆観に属する行で、四諦の「苦滅諦」及び「道諦」に当たる行為を説いたものです。ここで「逆観」と言っているのは、「愛執を滅ぼせば取が滅し、乃至有が滅し、生が滅し、老死が滅して愁・悲・苦・憂・悩も滅す」という具合に、「縁起」の意味が逆転して「縁滅」の流れに変わったような場合を指した名称です。

第一句の「(此の世から彼の世へと)あちこちにさまよう」は、縁起が熟して生老病死に至った状態を、愛執の因によって獲得した木の実だって食べたり腐ったりして消滅するので、愛執する心もそれに乗じて「此の世から彼の世へとさ迷う」と表現しているとも取れますが、何れにしてもこの「さ迷い」が生と滅の循環を指すのですから、「苦しみのさ迷い」であることには間違いないでしょう。

なので第二句では、憂いが消え去る道を説いているのですが、「水の滴が蓮華から落ちるように」というのは、「愛執に基づく苦しみのさ迷い」を「水の滴」に喩え、「愛欲を断って憂いが消え失せた境地」を「蓮華」に喩えているのですから、この水滴の穢れが落ちて現れた「蓮華」を「仏性」の開顕と取り、同時に「ほんとうの自分」の開顕と取ってもよいのですが、これら悟りの果位に属する概念は、今解説している初期仏典の中では、使われても明かされてもいません。なので今のところは、「煩悩を滅し尽くして解脱すれば、常楽我浄を満たす不死の境地が開かれる」と納得するだけで充分ではないでしょうか。

二

（経文一）『たとえ樹を切っても、もしも頑強な根を絶たなければ、樹が再び成長するように、妄執（渇愛）の根源となる潜勢力をほろぼさないならば、この苦しみはくりかえし現われ出る』

（二）『愛欲の林から出ていながら、また愛欲の林に身をゆだね、愛欲の林から免《のが》れていながら、また愛欲の林に向かって走る。その人を見よ！　束縛から脱しているのに、また束縛に向かって走る』

(三)『前を捨てよ。後を捨てよ。中間を棄てよ。生存の彼岸に達した人は、あらゆることがらについて心が解脱していて、もはや生れと老いとを受けることが無いであろう』(『真理のことば』三三八・三四四・三四八)

ここに提示した三句の経文は、原典では少し間隔を取って説かれているけれど、ここでは意味の関連性を読み取りつつ、一つにまとまった経文として解説しようと思います。

先ず経文第一句の意味は、つまり愛執などを単独で断っても、縁起の根源である無明を断たなければ、何度でも煩悩の樹木は生えてくるよ、という忠告ですね。四諦を身に付け、実践することによって、無明を断てということでしょう。また十二因縁を観得し、此の世の無常を悟って生死の世界を厭い、精神統一して無明を断つことにより、生死の苦界からの解脱を成し遂げる道も有るでしょう。その何れの道を実践するにしても、中途半端に愛執を断つだけだったりして、無明の因が生き残っていたりすれば、その無明から新たな煩悩の樹が成長してきて、苦しみの絶えることがない、と説かれているのです。

そこで第二句には、一時は愛欲を断ったつもりでも、無明が断たれていなければ、その無明に因して無意識のうちに行が生じ、識が生じ、乃至愛欲に至る縁起が増長してしまい、これらのことが繰り返されることによって、煩悩の樹木が林立するようになる。だから、そうならないように気を付けていなさいというのが、この第二句に課せられた意味だと読み取ることができます。

続いて経文第三句を見ると、すでに迷いの此の世を渡り終えて、彼岸の浄土に達している境地のことを説いているのだと分かります。しかし、わたしたちは、「わたしたち読者自身が実践して仏の境地に至り得る道法」を得るという目的に沿って、もう少し経文を読み進めてみようと思うのです。

そこで先ず最初に、経文の「前を捨てよ。後を捨てよ。中間を棄てよ」を、試みに十二縁起に沿って考察した場合を見てみましょうか。わたしたちは普段、十二縁起のどの項目かを断っているという意識があるでしょうか。殆ど「ない」のでは？　ならば、「後」に来たるべき「老病死」は承認された状態ということになります。「後」が老病死なら、「前」は無明の側、そして「中間」に当たる「今」は、「無明によりて行がある」云々という過去の業因によって縁生している「生によりて老病死がある」ところの、「生」の真っ直中だということが分かります。このままだと「老病死」は避けられません。しかし縁起の法を逆観すれば、「老病死」を滅するためには、生・有・取・愛などのうち、どれかを滅すればよいことが分かります。なので、ここでは声聞乗でよく説かれている、「愛」を滅する道を選んで考えてみましょう。

わたしたちは「前(過去)＝無明の側」の業因によって、すでに「中間(現在)＝生」に在るのですから、来るべき「後(未来)＝老死」を避けるためには、現に在るところの「生」に対する愛執を断たなくてはなりません。愛執を断つことによって「生」という現在の業因が棄てられたなら、「老死」という未来果もまた手放されたことになります。また、すでに「中間」が棄てられ、「後」が捨てられてみると、「前」に生じていた業因も、未来が消え去ったことによる立ち枯れという形で、過去世の中へと消え去りますね。こうして心は此の世の彼岸へと解脱することができます。このように愛執が滅して、生存に対するわだかまりもすべて消え去った境地を、経文では「生存の彼岸に達した人」と説いているのだと読み取ってもよさそうですね。

次に、経文の「前を捨てよ。後を捨てよ。中間を棄てよ」を、そのまま過去・未来・現在という時間軸の意味に取り、「過去に対する執着を捨て、未来に対する執着を捨て、現在の生存に対する執着も持つな」という意味に取って考察してみます。「過去」というのは過ぎ去った時に属する事柄を指すものだから、今は無き過去世の記憶に執着するなという意味ですね。なのでここでは意識を過去から解き放ちます。「未来」というのも未だ来たらずという時に属する事柄なので、未だ無いものを想うという執着を捨てよという意味だから、ここでも意識を未来から解き放ちます。続いて「現在を棄てよ」を考察します。「現在を棄てよ」と云っているからといって、現在という時間を棄てることではありませんね、時間というものは捉えようのないものだから。ここでは「時間感覚を体感している身体への執着を棄てる」という意味に取ります。「現在は過ぎ去るもの」でしたね。これも「時は過ぎ去る」という言葉の裏に、「現在を生きている人身が過ぎ去る」ことを知らせているのですから、「やがては朽ち果てる身体に執着するな」ということでしょう。なので経文では「やがては朽ち果てる身体」なら、「現に有るとは見えても、明日には消え去るという幻のような存在だから、執着すればするほど苦しみも増え続けるよ」という現実を見せて、安楽が得られる解脱へと導いているのですね。

解脱への考察を補足する意味でも心得ておきたい法の一つに、無我説があります。『色と受想行識は無常なり。無常なるものは苦なり。苦なるものは無我なり。無我なるものは、わが所有にあらず、わが我にあらず、わが本体にもあらず』というものですね。もし「色と受想行識」が、わたしたち人間の身体と心の総体を捉えていると認めるならば、この法を「人間は無常なり。人間は苦なり。人間は無我なり。人間なるものは、わが所有にあらず、わが我にあらず、わが本体にもあらず」と読み換えても同じことだし、分かり易いですね。つまり「あなたは人間の中には在らず」ということを悟ったわけです。ならば、あなたは人間の外に出て在るのでしょうか。不思議ですねえ、人間という者もあなたという者も見当たらなくなったでしょう。これは本来なら解脱位から見える光景ですが、試みに言葉に移してみました。実にこのような状態を、大乗仏教の立場では「われ、本不生を覚る」というのです。「われ」って誰でしょうか。これ八不中道の覚ですね。なので経文に言う「生存の彼岸に達した人は、あらゆる事柄について心が解脱していて、もはや生まれと老いとを受けることが無いであろう」という指摘を満たす境地をも、ここに見出すことができるでしょう。

三

（経文）『さとりの究極に達し、恐れること無く、無欲で、わずらいの無い人は、生存の

矢を断ち切った。これが最後の身体である』（『真理のことば』三五一）

先ず冒頭の「さとりの究極に達す」とは、どういうことなのかということですが、これは四諦からも明らかなように、迷いの此の世をすべて解脱することですね。そして恐れは此の世と関わって生じ、欲は此の世と関わって生じ、煩いは此の世と関わって生じるのですから、解脱した人は、恐れや欲や煩いという生苦をもたらす生存の矢を断ち切っていることになります。そして「これが最後の身体である」という言葉には、解脱して生存の矢との関係が断ち切られている身体であるから、「再び此の世との再縁を取り込んでの、迷いの生存を繰り返すことはない」というような意味に読み取ります。

四

（経文）『われはすべてに打ち勝ち、すべてを知り、あらゆることがらに関して汚されていない。すべてを捨てて、愛欲は尽きたので、こころは解脱している。みずからさとったのであって、誰を師と呼ぼうか』（『真理のことば』三五三）

先ず冒頭の「われ」とは何者を指すのかということから検討してみましょう。原始仏教では「無常、苦、無我」が論説の基本的図式になっているからです。ならばこの「われ」は文型を整えるための単なる形式主語でしょうか。しかしこの「われ」は「すべてに打ち勝ったもの」でなければなりませんし、また「すべてを知ったもの」でもあり、「あらゆることがらに関して汚されていないもの」でもあり、「すべてを捨てて、愛欲の尽きたもの」として「解脱したこころ」でなくてはなりません。これらのすべてを満たしたこころといえば、やはり「常楽我浄を満たした心＝仏心＝ほんとうの自分」の他にはないでしょう。

次に「すべてに打ち勝ち、すべてを知り」などと説かれている「すべて」のことですが、これには「人間の感覚器官を通して得られる此の世のすべて」を当てはめ、「すべてを知る」という意味には、「此の世のすべてが縁起していて無常で苦で無我なものだから、愛執を起こせば苦因になり、愛執を絶滅させれば安楽が得られる」というような道理を知ることを指していると読み取ります。そして「あらゆることがらに関して汚されていない」以下は、苦滅道諦を愛執が消滅するまで実践して、苦滅諦という悟りの果位に達した心は、誰から強制されたのでもなく、自らの自由意志によって証せられた聖諦に基づく解脱であったということを伝えるために、「みずからさとったのであって、誰を師と呼ぼうか」と付記されているのだと読み取ります。このように知って、自らの悟りの完成を求める心を鼓舞すれば、身も心も引き締まりますね。

第十五章「バラモン」から

一

（経文一）『現世を望まず、来世をも望まず、欲求がなくて、とらわれの無い人、――かれをわれはバラモンと呼ぶ』

（二）『こだわりあることなく、さとりおわって、疑惑なく、不死の底に達した人、――かれをわれはバラモンと呼ぶ』

（三）『この世の禍福いずれにも執着することなく、憂いなく、汚れなく、清らかな人、――かれをわれはバラモンと呼ぶ』（『真理のことば』四一〇・四一一・四一二）

冒頭の「現世を望まず、来世をも望まず」という言葉の受け取り方によっても、微妙な心境の相違が読み取れそうですが、経文の作者は、この言葉によって解脱の心境を伝えようとしていることだけは確かでしょう。なので「一切に於いて解脱しているから、現世についても来世についても、特にどのようであって欲しいというような注文の心もない」とか、或いは「現世に於いて解脱しているから、来世に繋がる有為の業因も作ることなく、心は常に真如の光に包まれて安らいでいる」というような心境を指しているものと思われます。これは禅宗系の語彙で馴染まれている「無心」の境地に近いものでしょうか。このような心境で日々を送っていれば、日毎に何事が起こるにしても、常に安らかな心境で対応できることも容易に予測できますね。

結びの言葉として「かれをわれはバラモンと呼ぶ」とあります。バラモンというのは「仏教が誕生する以前からヴェーダ聖典に基づいて発達した宗教の僧侶階級を指す呼び名」といった注釈もされていますが、この経文では、その宗教的境地の面から捉えて、仏教に於ける解脱完了の境地に等しい人を指す呼び名としているようです。その理を裏付けるものとして、ウパニシャッドに説かれている梵我一如《ぼんがいちにょ》の覚智を挙げることもできるでしょう。これが後に如来蔵《にょらいぞう》などを説き始める大乗仏典と深く関わっているのです。

経文第二句も第一句で説かれている境地と同じですが、「さとりおわって、疑惑なく」というのは、「悟りの境地に安住する心が、ふらついたりしない」という意味であり、「不死の底に達した人」というのは、「生死の此の世を解脱して不生不死の境地に達した人」という意味ですね。「底」の語には、「存在の基底」というような意味が秘められている場合もありますが、ここでは、この経文が原始仏典だということもあり、「悟りの極地」とか、「迷いの種が一掃されて、再び生死に繋がる迷いが生じることもない境地」のことだと読み取っておきましょう。

第三句の「此の世の禍福いずれにも執着することなく」は、此の世について解脱していて、欲求するものが何もなくなっているのであれば、禍に遭遇しても「禍が訪れたな」と思って、その禍をあるがままに受け入れて観察するだけだし、福楽が舞い込んだら「福楽が訪れたな」と思って、その福楽をあるがままに受け入れて観察するだけであって、それらの感受の縁が通り過ぎれば、何の凝りも残さないというような心境を指す言葉として受け取れば、この語に続く「憂いなく、汚れなく、清らかな人」の語にも違和感なく繋がるので、よいのではないでしょうか。普段からこんな心境で暮らせるよう、心掛けたいものですね。

二

（経文一）『生きとし生ける者の死生をすべて知り、執着なく、よく行きし人、覚った人、――かれをわれはバラモンと呼ぶ』

（二）『前にも、後にも、中間にも、一物をも所有せず、無一物で、何ものをも執着して取り押さえることの無い人、――かれをわれはバラモンと呼ぶ』

（三）『前世の生涯を知り、また天上と地獄とを見、生存を滅ぼしつくすに至って、直感智を完成した聖者、完成すべきことをすべて完成した人、――かれをわれはバラモンと呼ぶ』（『真理のことば』四一九・四二二・四二三）

経文の冒頭の言葉は、「此の世に生まれた者は必ず死ぬ」というような此の世の無常の道理について説いているので、それを知って、此の世に対する執着を断ち、解脱して此の世の彼岸に行った人をこそ、バラモンと呼ぶに相応しいと説いているのですね。

第二句の「前にも、後にも、中間にも」は、「過去にも、未来にも、現在にも」の意味に読み取ってよいでしょう。「一物をも所有せず」とは、「過去を捨て、未来も捨て、現在をも棄てて、この三時のどこにも愛執すべき物事を持たない」というような意味ですね。つまり「心の中が空っぽ」というような情景が思い浮かぶかもしれませんが、逆に生き方としては最も心豊かな情景が見えてくる人もいるでしょう。もしこの人が、過去や未来や現在という時間的観念から解き放たれて、常に「今ここ」の一瞬に凝縮された人生を送っているとしたら、そこにもまた無執着で安楽に満ちた人生があることでしょう。釈迦の言葉に「覚らずに百年生きるより、覚って一日生きる方が勝れている」というのがありますが、或いはこのことも含めて言っていたのでしょうか。

第三句の「前世の生涯を知り」というのは、「解脱されたすべての生涯」という意味になるのかもしれませんが、要するに因縁に乗じて生滅した生涯、つまり輪廻してきた過去世を指すことだけは確かでしょう。そして「天上と地獄とを見」とあり、続けて「生存を滅ぼしつくすに至って」とあることから、地獄はもとより、天上の生存をも超越した解脱の境地を指していることも分かりますね。そしてこの境地のことを「生存を滅ぼしつくすに至って、直感智を完成した聖者、完成すべきことをすべて完成した人」と示唆していることから、色と受想行識を厭い離れて解脱した人、解脱して中道を完成した人、従って自身に不生不死の如来性を開示した人のことを言っているのだと読み取ります。このようにして得た仏法の実践智は、その都度わたしたち自身の解脱行にも役立てましょう。実に解脱完了の再確認をするたび、そこに開示されるのが、生死の際を越えて限りない姿の「我が仏身」であり、因果の波に翻弄される此の世の在り方に一喜一憂する境涯を脱して、超然たる姿を示すかの如き「ほんとうの自分」でもあるからです。

常楽我浄への指針　悟りの杖

2019年11月22日　初版第1刷発行

著　者　山木　玄幸（やまもと・ひろゆき）
発行所　ブイツーソリューション
〒466-0848 名古屋市昭和区長戸町 4-40
電話 052-799-7391　Fax 052-799-7984
発売元　星雲社（共同出版社・流通責任出版社）
〒112-0005 東京都文京区水道 1-3-30
電話 03-3868-3275　Fax 03-3868-6588
印刷所　モリモト印刷
ISBN 978-4-434-26747-5